मैं आंबेडकर बोल रहा हूँ

मैं आंबेडकर बोल रहा हूँ

सं. दिनकर कुमार

प्रभात प्रकाशन

प्रकाशक
प्रभात प्रकाशन प्रा. लि.
4/19 आसफ अली रोड, नई दिल्ली–110002
फोन : 011–23289777 • हेल्पलाइन नं. : 7827007777
इ–मेल : prabhatbooks@gmail.com ❖ वेब ठिकाना : www.prabhatbooks.com

संस्करण
2025

पेपरबैक मूल्य
तीन सौ रुपए

मुद्रक
नरुला प्रिंटर्स, दिल्ली

★

MAIN AMBEDKAR BOL RAHA HOON
Ed. Shri Dinkar Kumar
Published by **PRABHAT PRAKASHAN PVT. LTD.**
4/19 Asaf Ali Road, New Delhi-110002
ISBN 978-93-5048-450-0
₹ 300.00 (PB)

अपनी बात

"जो कुछ मैं कर सका, वह जीवन भर मुसीबतें सहन करके विरोधियों से टक्कर लेने के बाद कर पाया हूँ। जिस कारवाँ को आप यहाँ देख रहे हैं, उसे मैं अनेक कठिनाइयों से यहाँ ला पाया हूँ। अनेक अवरोध, जो इसके मार्ग में आ सकते हैं, के बावजूद इस कारवाँ को बढ़ते रहना है। अगर मेरे अनुयायी इसे आगे ले जाने में असमर्थ रहे तो उन्हें इसे यहीं पर छोड़ देना चाहिए, जहाँ पर यह अब है; पर किन्हीं भी परिस्थितियों में इसे पीछे नहीं हटने देना है। मेरी जनता के लिए मेरा यही संदेश है।"

—डॉ. भीमराव आंबेडकर

बाबा साहब भीमराव आंबेडकर भारतीय दलित आंदोलन एवं सामाजिक न्याय अभियान के इतिहास में एक ऐसा नाम है, जो दूर से ही चमकता है।

अनेक कष्ट और परेशानियों को सहते हुए उन्होंने उच्च शिक्षा प्राप्त की तथा दलित व पिछड़े समाज को अपने साथ लेकर उनके अधिकारों की लड़ाई लड़ी। अपने जीवनकाल में ही उन्होंने पिछड़ों को उनके अधिकार दिलाए। अपनी योग्यता के बल पर भारत का संविधान लिखा और सामाजिक न्याय के लिए संघर्ष किया, दलित व पिछड़े समाज को शिक्षा के लिए प्रेरित किया। उसे विशेष सुविधाएँ दिलाईं तथा राजनीतिक शक्ति का हथियार थमाकर उसे इतना मजबूत बना दिया कि वह अपना सदियों का खोया मनोबल फिर से प्राप्त कर राष्ट्र की मुख्य धारा में सीना तानकर खड़ा हो गया है।

जन्म और माता-पिता

भीमराव का जन्म 14 अप्रैल, 1891 को मध्य प्रदेश के रत्नागिरि जिले में महू नामक स्थान पर हुआ था। महू इंदौर नगर के निकट है। उनके पिता का नाम रामजी राव तथा माता का नाम भीमाबाई था। पिता सेना में सूबेदार थे। आंबेडकर अपने माता-पिता की चौदहवीं संतान थे। उनसे पहले जनमे भाई-बहनों में से केवल दो भाई और दो बहनें जीवित थीं, अन्य की मृत्यु हो चुकी थी। उनके एक भाई का नाम आनंदराव था, दूसरे का बसंतराव; एक बहन का नाम मंजुला था और दूसरी का तुलसी।

कहने के लिए तो पिता सूबेदार थे, परंतु उन्हें वेतन केवल 50 रुपए मासिक मिलता था। उन दिनों सेना में नौकरी की अवधि 15 वर्ष हुआ करती थी।

15 वर्ष तक सेना को अपनी सेवाएँ देने के बाद रामजी राव सेवा-मुक्त हो गए। अब उनके सामने रोजगार की समस्या थी। वे महू से सतारा आ गए। सतारा में वे बहुत दिनों तक रोजगार की तलाश में भटकते रहे, अंतत: 50 रुपए मासिक पर उन्हें एक कंपनी में चौकीदारी का काम मिल गया।

पारिवारिक पृष्ठभूमि

बड़े जाँबाज और प्रतापी नवरत्न प्रदान कर जिस जिले ने अपना नाम सार्थक किया, उस रत्नागिरि जिले में मंडनगढ़ से 5 मील की दूरी पर आंबबड़े नाम का एक देहात स्थित है। यही है आंबेडकर घराने का मूल गाँव। इस घराने का कुलनाम है सकपाल, कुलदेवी है भवानी। कुलदेवी की पालकी रखने का सम्मान इसी महार घराने का था। गाँव के वार्षिक उत्सव के अवसर पर उन्हें अपने गाँववालों में विशेष सम्मान प्राप्त होता था और उस परिवार को वह दिन बड़ा महत्त्वपूर्ण लगता था।

भारत के सारे अस्पृश्य समाज में महार जाति मजबूत कद-काठीवाली, जोरदार आवाजवाली, चमकीली चमड़ीवाली, गुण से बुद्धिमान और वृत्ति से लड़ाकू दिखाई देती है। समय का ध्यान रखते हुए सावधानी से बरताव करनेवाली अगर कोई जाति है तो वह महारों की ही।

कुछ विद्वानों का कहना है कि महाराष्ट्र के मूल निवासी महार ही थे और उनके ही नाम पर इस राज्य को 'महाराष्ट्र' नाम प्राप्त हुआ। कुछ लोग 'महार' शब्द की व्युत्पत्ति इस तरह करते हैं—महा + अरि = बड़ा दुश्मन। दक्षिण भारत में राजनीतिज्ञों की सत्ता के लिए षड्यंत्र शुरू होने पर उन्होंने बड़ी होशियारी से उस उपेक्षित, लेकिन जुझारू महार जाति के साथ प्रथमत: संबंध जोड़ लिये। ईस्ट इंडिया कंपनी की बंबई

सेना के लिए कंपनी सरकार ने महारों के दल बनाए थे। उस समय बिहार के दस्यु और मद्रास राज्य की पेरिया दलित जातियों को लेकर उसी तरह सैनिक टुकड़ियों का गठन कंपनी सरकार ने किया था।

आंबेडकर के पितामह का नाम मालोजी सकपाल था। वे एक सेवानिवृत्त फौजी थे। उनकी संतानों में थे मीराबाई नामक बेटी और रामजी नामक बेटा। दोनों की ही कुछ जानकारी प्राप्त होती है। मालोजी के तीन और बेटे थे; परंतु प्रतीत होता है कि सेना की नौकरी में बार-बार तबादला होने के कारण परिवार के साथ मालोजी का विशेष संबंध नहीं रहा होगा।

रामजी सकपाल भी सेना में भरती हो गए। पहले जवानों को फौजी छावनी में स्कूल द्वारा अनिवार्य शिक्षा देने का प्रबंध ईस्ट इंडिया कंपनी सरकार ने किया था। इसके अतिरिक्त फौजी सिपाहियों की संतानों के लिए दिन के स्कूल थे। उनके प्रौढ़ रिश्तेदारों के लिए भी रात के स्कूल थे। ऐसी ही शिक्षा रामजी सकपाल को मिली थी।

रामजी सकपाल जिस सैनिक टुकड़ी में शामिल थे, उसी में इत्तफाक से सूबेदार मेजर धर्मा मुरबाड़कर का तबादला हुआ। मुरबाड़कर भी महार परिवार के थे। वे ठाणे जिले के मुरबाड़ के निवासी थे। मुरबाड़कर का कुलनाम पंडित था। उस परिवार के सात भाई भी सेना में मेजर थे। स्वाभाविक ही उनका रहन-सहन अमीरी ठाट-बाट का था। वे नाथ संप्रदाय के अनुयायी थे। उनके परिवार का वातावरण धार्मिक था। महार बस्ती और गाँव में उनका घराना बड़ा इज्जतदार माना जाता था।

आगे चलकर यह परिवार पनवेल के नजदीक उलवा बंदरगाह पर निवास करने चला गया। फिर कुछ दिनों बाद वह परिवार पनवेल जाकर बस गया।

धर्माजी की बेटी भीमाबाई और रामजी सकपाल का विवाह वर्ष 1865 के दौरान संपन्न हुआ। विवाह के समय रामजी की उम्र लगभग 22 वर्ष थी और भीमाबाई की उम्र लगभग 13 वर्ष। भीमाबाई बड़ी बातूनी, स्वाभिमानी, हठीली और धर्म-परायण महिला थीं। उनका रंग गोरा था, आँखें बड़ी-बड़ी और आकर्षक थीं। बाल घुँघराले थे। ललाट चौड़ा था और नाक तनिक चपटी थी। विवाह के बाद भीमा की माँ ही उसका हाल-चाल पूछती रहती थीं। परिवार के अन्य सदस्य रूठे ही रहते थे। इस बात से आहत होकर भीमाबाई ने दृढ़तापूर्वक कहा, ''अब मैं तभी मायके जाऊँगी जब जेवरों से भरी-पूरी अमीरी प्राप्त कर लूँगी।''

रामजी सकपाल उद्यमी, महत्त्वाकांक्षी और स्वतंत्र वृत्ति के आदमी थे। वे क्रिकेट, फुटबॉल आदि खेलों में प्रवीण थे। उत्साह के साथ निरंतर उद्यम करनेवाले पुरुष को

सम्मान और संपत्ति प्राप्त होती है। रामजी की उद्यमिता, प्रवीणता और कर्तव्यपरायणता को देखकर सेना का एक अधिकारी उनसे काफी प्रभावित हुआ। उसने रामजी की सिफारिश कर उन्हें पुणे के पंतोजी स्कूल में दाखिल करवा दिया। वहाँ अध्यापन के पेशे की शिक्षा लेते समय उन्हें जो वेतन मिलता था, उसमें से कुछ भाग वे पत्नी के लिए बंबई भेज देते थे। उन दिनों उनकी सैन्य टुकड़ी बंबई के निकट सांताक्रूज में थी। भीमा जीविका चलाने के लिए कंकड़-पत्थर पसारने का कार्य किया करती थीं। अपनी व्यावहारिक बुद्धि के कारण वे रूखी-सूखी में ही प्रसन्न रहती थीं।

जिस समय रामजी की शिक्षा-दीक्षा संभव हुई थी उस समय दलित शिक्षा की कल्पना भी नहीं की जा सकती थी। रास्तों की सफाई, सिर पर मैला ढोना, मृत पशुओं का चमड़ा निकालना—इसी प्रकार के कार्य करके उन्हें अपने अस्तित्व को बनाए रखना पड़ता था। ऐसी दशा में स्कूल और शिक्षा की बात सोची भी नहीं जा सकती थी।

रामजी का सौभाग्य था कि उन्हें शिक्षा की सुविधाएँ मिली थीं। उनके पिता जब सेना में थे तब कंपनी सरकार ने सेना की छावनियों में स्कूल शुरू किए थे। इन स्कूलों में सैनिकों के बच्चों को अनिवार्य रूप से शिक्षा दी जाती थी। इसके अलावा, सैनिकों को भी शिक्षा दी जाती थी। इसी तरह के एक स्कूल में पढ़कर वे प्रवीण हुए थे।

पुणे के पंतोजी स्कूल की परीक्षा में उत्तीर्ण होकर रामजी अध्यापक बने और धीरे-धीरे फौजी छावनी के स्कूल में प्रधानाध्यापक बन गए। उन्होंने प्रधानाध्यापक का कार्य लगभग 14 वर्षों तक किया। आखिर उनकी इस सेवा की कद्र कर उन्हें सूबेदार मेजर के ओहदे तक की पदोन्नति प्राप्त हुई। उनकी अध्यापन कला सराहनीय थी। शिक्षा के प्रति अपनी कर्तव्यनिष्ठा, प्रेम और लगाव से उन्होंने यह सिद्ध किया कि दलित भी अच्छा अध्यापक बन सकता है। साथ ही भीमाबाई का प्रण, जो उन्होंने अपनी संपन्नता हेतु किया था, वह भी पूरा हो गया। उनके परिवार को अब काफी प्रतिष्ठा प्राप्त हो चुकी थी।

सन् 1890 तक सूबेदार रामजी और भीमाबाई की तेरह संतानें पैदा हुईं। उनमें से बालाराम, गंगा, रमाबाई, आनंदराव, मंजुला, तुलसी ही जीवित रहे। शेष संतानें बचपन में ही मर गईं। इतने बच्चों की पैदाइश, आतिथ्य-सत्कार, कई व्रत-उपवास, पूजा-अर्चना और चिकित्सा की व्यवस्था न होने से भीमाबाई की सेहत बिगड़ती गई। कई छावनियों में तबादला होने के बाद रामजी का स्थान मध्य प्रदेश के महू

जिले की लश्करी छावनी में स्थिर हो गया।

महू में एक असाधारण घटना घटी। रामजी के एक चाचा बैरागी हो गए थे, जिनका काफी समय तक पता ही नहीं था। इत्तफाक से एक बार वे साधु जत्थे के साथ महू आ गए और उन्होंने रामजी को आशीर्वाद दिया—'अपने कर्तव्य से इतिहास पर चिरंतन छाप डालकर अपने वंश का नाम अमर करनेवाला एक पुत्र तुम्हारे घर में पैदा होगा।'

यह आशीर्वाद सुनकर सूबेदार दंपती को काफी प्रसन्नता हुई। दोनों धर्मपरायण और व्रतधारी थे। अपने घर कुलदीपक जैसा पुत्र हो, इसलिए दान, व्रत, उपासना, आराधना और धार्मिक कृत्यों की ओर उनका ध्यान बड़ी उत्कटता से बढ़ गया। साधना के अंत में संत का वरदान फलीभूत हुआ। चौदहवीं संतान के रूप में भीम का जन्म हुआ।

इसके साथ मत खेलना, यह अछूत है

सतारा में आंबेडकर परिवार ने किसी तरह जीवन-यापन का सहारा तो ढूँढ़ लिया, परंतु बच्चों के लिए समाज में घुलने-मिलने की समस्या खड़ी हो गई। भीमराव के भाई-बहन तो अब तक यह जान चुके थे कि वे अछूत हैं और उन्हें समाज के लोग इज्जत नहीं देते। लोग उनसे बचते हैं, उनकी छुई हुई चीज नहीं खा सकते। ब्राह्मण तो इतना परहेज करते हैं कि यदि उनका साया भी छू जाए तो 'शिव-शिव' करते हुए फिर से स्नान करने के लिए भाग खड़े होते हैं।

भीमराव अभी छोटे थे। जब उन्होंने यह सब देखा तो उन्हें बड़ी हैरानी हुई। बचपन से ही भीमराव में चीजों को गहराई से देखने और जानने की इच्छा तीव्र थी। वे जब घर से बाहर निकलते तो सब ओर देखते और दौड़कर सब बच्चों के साथ घुल-मिल जाना चाहते थे।

वे इस सच्चाई से अनजान थे कि जिस परिवार और जाति में उन्होंने जन्म लिया है, वह भारतीय समाज में अछूत है और उन्हें सब बच्चों के साथ हिल-मिलकर खेलने तथा उन्हें दोस्त बनाने का अधिकार नहीं है।

वे नहीं जानते थे कि ऊँची जाति और नीची जाति क्या होती है, निम्न वर्ण और उच्च वर्ण क्या होता है। जब वे बाहर होते और कोई बच्चा उन्हें दिखाई दे जाता तो उसकी ओर दौड़ पड़ते। वे उसके साथ खेलना चाहते थे; परंतु जैसे ही वे बच्चे के पास पहुँचते और बच्चा हँसकर उनकी ओर आने को होता, तभी दो हाथ पीछे से उस बच्चे को उठा लेते थे और भीमराव के कान में आवाज पड़ती, 'चल-चल...यह

अछूत है, इसके साथ मत खेलना।'

भीमराव ठगे से देखते रह जाते। उनको लगता, जैसे किसी ने मुँह में जाते-जाते उनके हाथ से निवाला छीन लिया है।

कहीं बच्चों का झुंड खेल रहा होता और भीमराव दौड़कर खेल में शामिल होना चाहते तो कोई बड़ा बच्चा झट से आगे आता और कहता, 'नहीं, तू हमारे साथ नहीं खेल सकता, तू अछूत है। जा, यहाँ से, भाग…।'

भीमराव रोते हुए घर लौट आते। माँ पूछती, 'क्या हुआ भीम, तू रो क्यों रहा है?' तो वे माँ से सिसकते हुए कहते, 'माँ, मुझे कोई अपने साथ नहीं खिलाता। सब बच्चे मुझे भगा देते हैं, कहते हैं–तू अछूत है!'

'हाँ बेटा!' माँ भीमराव को सीने से लगाती हुई कहतीं, "वे ठीक कहते हैं। हम अछूत हैं। वे बड़ी जाति के बच्चे हैं। तू उनके साथ खेलने की जिद क्यों करता है? क्यों जाता है तू वहाँ, बेटा? तू अपनी बहनों और भाइयों के साथ खेल लिया कर।'

सिसकते-सिसकते भीमराव चुप हो जाते और प्राय: माँ की गोद में सो जाते।

स्कूल में दाखिला : जूतों की जगह बैठते थे

भीमराव जब छह वर्ष के हुए तो माँ भीमाबाई रामजी राव के पीछे पड़ गईं, "भीम अब बड़ा हो गया है। उसका दाखिला क्यों नहीं करवाते?"

रामजी कुछ-न-कुछ बहाना बनाकर टाल देते। कभी कहते, "बात की है," कभी कहते, "हो जाएगा, थोड़ा सब्र करो।"

उस दिन जब भीमाबाई ने उन्हें टोका तो वे बिफर गए, "कहाँ कराऊँ इसका दाखिला? कैसे कराऊँ? तुम्हें क्या पता, मैं कहाँ-कहाँ नहीं गया हूँ। पूरे आठ दिन की छुट्टी ले चुका हूँ अब तक इस लड़के को दाखिल कराने के चक्कर में, परंतु कोई राजी नहीं होता, अछूत जो है। हाँ, स्कूल में ऊँची जाति के बच्चे पढ़ते हैं, कहते हैं, हमारा बच्चा उनके साथ नहीं बैठ सकता। मैं पूछता हूँ, जब साथ ही नहीं बैठ सकता तो पढ़ेगा कैसे?"

भीमाबाई शांत रहीं। आगे बढ़कर उन्होंने पीछे से पति के कंधों पर अपने दोनों हाथ रख दिए और बोलीं, "आपका दु:ख मैं समझती हूँ। पता नहीं क्यों, इतना कह गई। सूबेदार की पत्नी होने का गुरूर आ जाता है तो भूल जाती हूँ कि हम अछूत हैं।"

अपने आँसू पीने के बाद रामजी राव ने पत्नी की ओर मुँह फेरा और उसके

आँसुओं को अपनी दोनों हथेलियों में समेटते हुए बोले, ''बड़ी मुश्किल से एक हेडमास्टर ने 'हाँ' की है, पर उसकी एक शर्त है।''

''शर्त?'' कहते हुए भीमाबाई ने पति की आँखों में देखना चाहा।

रामजी राव ने आँखें झुकाते हुए कहा, ''कहता है, आपके लड़के को दाखिल तो कर लूँगा, परंतु उसे बड़ी जाति के बच्चों के साथ नहीं बैठा सकता। उसे अपनी टाट-पट्टी साथ लानी पड़ेगी और कक्षा की दहलीज पर जहाँ बच्चे अपने जूते उतारते हैं, वहाँ बैठकर पढ़ना पड़ेगा।''

''नहीं!'' भीमाबाई ने अपना माथा पीटा, ''भगवान् इतना अन्यायी नहीं हो सकता।''

उसी समय भीमराव बाहर निकल आए। वे माता-पिता के बीच हुई बातचीत सुन चुके थे। उनकी आँखों में दृढ़ निश्चय की चमक थी। वे बोले, ''माँ, मेरा दाखिला करवा दो। मैं जूतों की जगह बैठकर पढ़ लूँगा।''

फूल से कोमल बच्चे के मुँह से जब ये शब्द निकले तो पिता रामजी राव उनमें छिपी विवशता पर रो पड़े और अपने आँसुओं को छिपाने के लिए वहाँ से हट गए।

माँ भीमाबाई ने बेटे की आँखों के भाव पढ़े और उसे सीने से लगाकर सामने दीवार की तरफ देखने लगीं, ''हाँ बेटा, कल से तू स्कूल जाएगा। जूतों की जगह ही सही, तू पढ़ेगा।''

जब वे ये शब्द धीमी आवाज में कह रही थीं तो उनकी आँखों में आँसुओं की बरसात हो रही थी। उन्होंने दोनों हाथों से दबाकर भीमराव को चिपटा रखा था। वे नहीं चाहती थीं कि नन्हा भीम उनके आँसू देखे।

अगले दिन भीमराव का दाखिला हो गया। अपने घर से पुरानी टाट-पट्टी लेकर वे अपने पिता के साथ स्कूल गए और जूतों को एक ओर हटाकर टाट-पट्टी बिछाकर दहलीज पर बैठ गए।

भीमराव ने देखा कि जब वे जूतों को हटाकर अपने बैठने के लिए जगह बना रहे थे तो कुर्सी पर बैठे आचार्य और सामने बेंचों पर बैठे छात्र उन्हें ऐसे देख रहे थे मानो सोच रहे हों, इसके छूने से कहीं हमारे जूते तो अपवित्र नहीं हो गए।

भीमराव की पढ़ाई शुरू हो गई। रोजाना अपनी टाट-पट्टी साथ लाना, उसे बिछाकर जूतों की जगह बैठना, आधी छुट्टी में सबसे अलग बैठकर दूसरी ओर मुँह करके अपना खाना खत्म करना और इस बात का पूरा ध्यान रखना कि स्कूल का कोई विद्यार्थी या किसी की कोई चीज भूल से भी छू न जाए।

माँ बीमार पड़ीं, इलाज करने कोई वैद्य नहीं आया

भीमराव पढ़ने में बहुत तेज थे। घर से स्कूल दूर था। वे सवेरे घर से निकलते और शाम को लौटते थे। खूब मन लगाकर पढ़ते थे।

पहली कक्षा से वे पाँचवीं में आ गए। पूरे स्कूल में उन्होंने नाम कमा लिया। पिता जब उनके स्कूल जाते तो हेडमास्टर भीमराव की बड़ी तारीफ करते। पिता को बहुत अच्छा लगता। घर लौटकर वे भीम की माँ को बताते तो भीमाबाई की आँखों में खुशी के आँसू आ जाते। ईश्वर को धन्यवाद देते हुए वे कहतीं, ''किसी ने सच ही कहा है, दाता! तेरे घर देर तो है, पर अँधेर नहीं है।''

भीमराव के भविष्य के बारे में सुनहरे स्वप्न देखते-देखते भीमाबाई एक दिन बीमार पड़ गईं। जब वे बीमार हुईं तो रामजी राव चिंतित हो उठे। उनके बल पर तो पूरी गृहस्थी चल रही थी।

उन्होंने बड़ी देखभाल की, बहुत भाग-दौड़ की, परंतु सब बेकार गई। उन्हें ऐसे वैद्य की जरूरत थी, जो उनके रोग को समझ सके और उन्हें अच्छी दवा देकर रोग के चंगुल से निकाल सके; परंतु उनके घर आने के लिए कोई वैद्य तैयार नहीं हुआ। सभी अच्छे वैद्य ऊँची जाति के थे। एक महार के घर भला वे कैसे आ सकते थे। उनका तो धर्म भ्रष्ट हो जाता।

वैद्य अपना धर्म बचाते रहे और सही दवा के अभाव में भीमाबाई का जीवन चला गया। वे मृत्यु की गोद में हमेशा-हमेशा के लिए सो गईं।

माँ की मृत्यु पर भीमराव बहुत रोए। भीमराव भूख के बहुत कच्चे थे। माँ इस बात का बहुत खयाल रखती थीं कि उनका बेटा भूखा न रहे। वही माँ जब अपने बच्चे को रोता-बिलखता छोड़कर चली गई तो भीमराव ने कई दिन तक रोटी को हाथ नहीं लगाया।

पिता ने बहुत समझाया, ''बेटा, तुम ऐसे ही रोते रहोगे तो तुम्हारी माँ के सपनों का क्या होगा? तुम नहीं जानते, तुम्हारी माँ की आँखों में तुम्हें बड़ा आदमी बनाने के कितने सपने थे। बेटा, उठो, खाना खाओ और पढ़ाई में लग जाओ। वे सपने तुम्हें पूरे करने हैं।''

भीमराव ने पिता के चेहरे की तरफ देखा और रो पड़े। पिता ने पुत्र को गले से लगा लिया। अगले दिन से भीमराव नियमित स्कूल जाने लगे। माँ की आँखों के सपने अब उनके दिल में थे।

भूखे रहकर पढ़ाई की

माँ के लाडले भीमराव अब बिना खाना साथ लिये स्कूल आने लगे। ग्यारह-बारह साल के बच्चे ने निश्चय किया कि खाना मिले या न मिले, पढ़ाई का नुकसान नहीं होने दिया जाएगा।

हेडमास्टर ब्राह्मण थे, अछूतों के प्रति सामाजिक व्यवहार के सामने विवश थे; परंतु भीम को भूखा देखा तो उन्हें दया आ गई। उसके लिए दोपहर की रोटी का इंतजाम उन्होंने स्वयं किया।

जब सब बच्चे दोपहर का भोजन करने बैठते तो वे एक कोने में सब्जी भीमराव के सामने रख देते और दूर से ही रोटियाँ उसके हाथों में फेंक देते थे। भीमराव अपनी भूख मिटा लेते थे।

दूसरे लड़के जब हेडमास्टर को ऐसा करते देखते तो कानाफूसी करते। वे कहते, "लगता है, हेडमास्टर का दिमाग खराब हो गया है। ब्राह्मण होते हुए भी वे महार जाति के अछूत लड़के को रोटी बनाकर खिलाते हैं।"

भीमराव लड़कों के मुँह से जब ऐसी बातें सुनते, अपने प्रति उनके चेहरों पर और आँखों में घृणा देखते तो सहम जाते। कभी-कभी उन्हें बहुत गुस्सा आता, परंतु वे सब सह जाते।

एक बार उनकी माँ ने उनके कान में कहा था, 'एक बात याद रखना बेटा, हम लोग महार जाति के हैं, अछूत हैं। तुम्हें समाज में बहुत अपमान सहना पड़ेगा, बड़ी घृणा झेलनी पड़ेगी। इस सबकी परवाह न करना। किसी से उलझना नहीं। तुम्हें पढ़ना है। बिना पढ़े कोई बड़ा आदमी नहीं बन सकता। जब तुम बड़े आदमी बन जाओ तब समाज की इस गंदी रीति को बदल डालना। यही मेरी इच्छा है।'

माँ तो नहीं रहीं, पर उनके वे शब्द भीमराव के लिए प्रेरणा के स्रोत बन गए। जब-जब उन्हें कोई घृणा की नजर से देखता, जब-जब कोई उनका अपमान करता, माँ मानो उनके कानों में कह देतीं, 'भड़कना नहीं, सहते जाना है। रुकना नहीं, आगे बढ़ते जाना है।' भीमराव वैसा ही करते, अपमान और घृणा सहते-सहते उन्हें चुप रहने की आदत पड़ गई। अब कोई कुछ भी कहे, कुछ भी करे, वे प्रायः चुप रहते और अपने काम में लगे रहते।

परात गिरवी रखकर हाई स्कूल में दाखिला दिलाया

कक्षा पाँच पास करने के बाद भीमराव को दूसरे स्कूल में दाखिला लेना था। भीमराव के पिता पत्नी के देहांत के बाद बहुत परेशान रहने लगे थे। नौकरी करना और घर में बच्चों की देखभाल करना, इस तरह उन्हें दोहरी जिम्मेदारी निभानी पड़

रही थी। घर में अभाव की स्थिति पैदा हो गई थी।

भीमराव के दाखिले के लिए वे एलफिंस्टन हाई स्कूल में बात कर आए। भीमराव के अंक बहुत अच्छे थे। दाखिला मिल गया, परंतु पैसा! वह कहाँ से आए? और कोई चारा न देखकर रामजी राव ने अपनी पीतल की भारी परात निकाली और उसे लेकर सेठ सूरजमल के पास जा पहुँचे।

सूरजमल सूदखोर और लालची था। वह जेवर या कीमती चीजें गिरवी रखकर ब्याज पर पैसा देता था और उससे लिखवा लेता था कि समय पर नहीं छुड़ा पाया तो चीज उसकी हो जाएगी।

उसने रामजी राव की भारी परात रख ली और उनसे लिखवा लिया कि यदि निश्चित तिथि तक पैसा ब्याज सहित वापस नहीं किया तो परात उसकी हो जाएगी।

पुत्र को पढ़ाने की धुन में रामजी राव ने परात की परवाह नहीं की। उस सूदखोर का ब्याज इतना अधिक था कि भीमराव के पिता दी हुई तिथि तक पैसा न जुटा सके और उनकी गाढ़ी कमाई से खरीदी गई परात उस सूदखोर की हो गई।

इस देश में मजबूरी का फायदा उठानेवाले इनसानियत का लबादा पहनकर इनसानियत का खून करनेवालों की कमी नहीं रही है। ऐसे लोगों ने अपने छोटे से स्वार्थ के लिए दूसरों के बड़े-बड़े नुकसान किए हैं। दुर्भाग्य तो यह है कि कोई कानून इस क्रूर हृदय और कुटिल बुद्धिवाले हैवानों की गरदनें नहीं नाप सका।

कानून बनाकर अछूतों का उद्धार करूँगा

परात गिरवी रखने के बाद रामजी राव प्राइमरी स्कूल के हेडमास्टर के पास पहुँचे। भीमराव की मदद करने के लिए उन्होंने हेडमास्टर को बार-बार धन्यवाद दिया और प्रमाण-पत्र माँगा।

हेडमास्टर भीमराव से बहुत खुश थे। उसने प्रथम श्रेणी पाई थी और बहुत अच्छे अंक प्राप्त किए थे।

हेडमास्टर ने प्रमाण-पत्र तैयार कर दिया और उसमें उनका पूरा नाम लिखा—'भीमराव आंबेडकर।'

पिता रामजी राव ने इसे ब्राह्मण का आशीर्वाद मानकर खुशी जाहिर की। उस दिन उन्हें क्या पता था कि यह 'आंबेडकर' शब्द एक दिन भारतीय इतिहास की शानदार धरोहर बनेगा और पूरे देश की पिछड़ी जातियों के लोग इससे प्रेरणा, आश्रय और सामाजिक न्याय प्राप्त करते हुए उन अधिकारों को प्राप्त करने में सफल होंगे, जिनका संकल्प लेकर भीमराव ने अपमान पर अपमान सहते हुए अपनी पढ़ाई जारी

रखी थी और जिन अधिकारों के सपने मरते समय उनकी माँ की आँखों में थे।

प्रमाण-पत्र लेने के बाद जब भीमराव चलने लगे तो श्रद्धा और भावुकता से भरकर वे गुरुजी के चरण छूने के लिए झुके; परंतु तभी उन्हें याद आ गया कि चरण तो वे छू नहीं सकते। छूने से गुरुजी अपवित्र हो जाएँगे। अत: चरणों की ओर बढ़ते उनके हाथ ठिठक गए। भीमराव ने कहा, ''क्षमा करें गुरुजी, मैं आपके चरण नहीं छू सकता, अछूत जो हूँ।''

''मेरा आशीर्वाद सदा तुम्हारे साथ है।'' भावुक स्वर में गुरुजी बोले, ''लेकिन बेटा, बहुत दिनों से एक बात मेरे मन में घूम रही है। अब पूछ ही लेता हूँ। तुमने पाँच साल तक दूसरे छात्रों के जूतों की जगह बैठकर पढ़ाई की। भूखे रहकर, बार-बार अपमान सहकर भी जरा विचलित नहीं हुए। ऐसा क्या है इस पढ़ाई में, जो तुम इतना सबकुछ सह रहे हो? आगे पढ़ोगे तो और भी अपमान झेलना पड़ेगा। फिर तुम महार जाति के हो, तुम्हें ऊँची नौकरी भी नहीं मिल पाएगी। तुम यह सब क्यों कर रहे हो?''

भीमराव के कदम रुक गए। वे मुड़े और सम्मानपूर्वक ब्राह्मण के सामने खड़े होकर बोले, ''गुरुजी, मैं सबकुछ सहूँगा, मुझे पढ़-लिखकर एक दिन एक नया कानून बनाना है। एक ऐसा कानून, जो अछूतों को समाज में ऊँचा स्थान दिलाएगा। देखिएगा, सरकार इस कानून को मानेगी।''

सन् 1904 में एलफिंस्टन हाई स्कूल में भीमराव को दाखिला मिल गया। अब वे 'भीमराव आंबेडकर' कहलाने लगे थे। लड़के उन्हें केवल 'भीम' कहा करते थे।

एक दिन कक्षा में एक अजीब घटना घटी। अध्यापक भूगोल पढ़ा रहे थे। तभी उन्होंने भीमराव से कहा, ''भीम, तुम उठो और चॉक से ब्लैकबोर्ड पर भारत का मानचित्र बनाओ।''

भीमराव उठे। चॉक लेकर जैसे ही वे ब्लैकबोर्ड की ओर बढ़े, लड़के आपस में खुसुर-फुसुर करने लगे।

तभी एक लड़का खड़ा हुआ और बोला, ''ठहरो भीम!''

लड़के की आवाज सुनकर भीमराव ठिठक गए।

अध्यापक ने डाँटकर लड़के से कहा, ''क्या बात है?''

''सर, ब्लैडबोर्ड के पीछे हम लोग अपना खाना रखते हैं। भीम महार है। इसने हमारा खाना छू लिया तो वह अपवित्र हो जाएगा और हमें फेंकना पड़ेगा।''

''ओह!'' अध्यापक के मुँह से केवल एक शब्द निकला।

तभी सब लड़के उठे और उन्होंने अपने-अपने खाने के डिब्बे वहाँ से उठा लिये।

इसके बाद भीमराव आगे बढ़े और उन्होंने ब्लैकबोर्ड पर भारत का मानचित्र बनाया।

कक्षा समाप्त होने के बाद सब लोग बाहर निकल गए। यह खाना खाने का समय था। सब लड़के एक झुंड में बैठकर खाना खाने लगे।

भीमराव आंबेडकर अपना खाना लेकर एक ओर चले गए। खाना खाते समय वे सोच रहे थे, एक अपमान और सही, अब तो इस सबकी आदत डालनी होगी।

सन् 1906 में पिता ने भीखू वालंगकर की बेटी रमाबाई के साथ भीमराव की शादी कर दी।

सन् 1907 में उन्होंने 750 में से 382 अंक लेकर हाई स्कूल की परीक्षा पास की।

बड़ौदा नरेश की कृपा

हाई स्कूल पास करने के बाद भीमराव के सामने आगे पढ़ने की समस्या आ खड़ी हुई। पिता पहले से ही बहुत दुखी थे। वे बूढ़े हो चले थे। घर में गरीबी थी।

हाई स्कूल में भीमराव को दाखिला दिलाने के लिए उन्होंने जो परात गिरवी रखी थी, उसे भी नहीं छुड़ा पाए थे। उधार तक कोई नहीं देता था। अब पैसा कहाँ से आ सकता था।

हाई स्कूल में पढ़ते समय भीमराव की एक ईसाई लड़के से अच्छी दोस्ती हो गई थी। उसका नाम था—कैलुस्कर। भीमराव ने अपनी समस्या कैलुस्कर के सामने रख दी। कैलुस्कर ने उसे बड़ौदा नरेश से मिलने की सलाह दी।

अगले ही दिन भीमराव बड़ौदा नरेश की कोठी पर जा पहुँचे। उन्होंने अपनी पूरी कहानी बिना झिझक के बड़ौदा नरेश को सुना दी।

राजा साहब जानते थे कि एक महार जाति के लड़के के लिए उच्च शिक्षा लेना बहुत कठिन है। पैसे की कमी और अपमान दोनों ही बाधक बनते हैं। परंतु भीमराव का भोलापन, ईमानदारी और राजा पर विश्वास काम कर गया। उन्हें लगा कि यह जानते हुए भी कि 'मैं उच्च जाति का हूँ', यह अछूत लड़का मुझ पर विश्वास करके मेरे पास आया है, तो मुझे इसकी मदद अवश्य करनी चाहिए।

उन्होंने एलफिंस्टन में भीमराव का दाखिला करा दिया और खजाने से 25 रुपए महीना छात्रवृत्ति दिलवा दी।

भीमराव ने लगन से पढ़ना शुरू कर दिया। उन्हीं दिनों उनके पिता रामजी राव भी बंबई आ गए। उनकी सतारा की नौकरी छूट गई थी, अत: वे परिवार को लेकर बेटे के साथ ही रहने लगे।

नवंबर 1912 में भीमराव की पत्नी रमाबाई ने एक पुत्र को जन्म दिया। उसका नाम रखा गया 'यशवंत'। जनवरी 1913 में भीमराव ने बी.ए. पास कर लिया। जब उन्होंने देखा कि पिता गरीबी की मार झेल नहीं पा रहे हैं तो उन्होंने बड़ौदा के महाराजा से कहकर सेना में नौकरी के लिए आवेदन कर दिया।

वे बी.ए. पास कर चुके थे। महाराज की सिफारिश थी, अत: भीमराव को लेफ्टिनेंट के पद पर नियुक्ति मिल गई।

पिता से मिलने के लिए नौकरी छोड़ दी

रमाबाई अपने पुत्र यशवंत की देखभाल तथा घर-परिवार का दायित्व निभा रही थीं और भीमराव लेफ्टिनेंट के रूप में बड़ौदा की रियासत को अपनी सेवाएँ दे रहे थे। एक दिन उन्हें घर से तार मिला। लिखा था—'पिता बहुत बीमार हैं, छुट्टी लेकर आ जाओ।'

पिता की बीमारी से भीमराव विचलित हो गए।

वे बड़े अफसर के पास पहुँचे और तार दिखाकर छुट्टी के लिए प्रार्थना की, परंतु अफसर ने छुट्टी देने से इनकार कर दिया।

भीमराव अपनी माता को तो खो चुके थे, अब पिता ही उनके लिए सबकुछ थे। वे उन्हें खोना नहीं चाहते थे। उन्हें संदेह था कि यदि अच्छा इलाज नहीं मिला तो पिता की भी उसी तरह मृत्यु हो जाएगी, जिस तरह माँ की हो गई थी। अत: उन्होंने अफसर से बार-बार प्रार्थना की, परंतु अफसर अड़ गया और बोला, "छुट्टी किसी हालत में नहीं मिल सकती।"

"तो फिर मेरा इस्तीफा स्वीकार कीजिए।" भीमराव ने कहा।

अफसर बोला, "हाँ, यह हो सकता है। आप नौकरी छोड़ दीजिए और अपने घर चले जाइए।"

भीमराव ने एक क्षण नहीं गँवाया, तुरंत इस्तीफा दिया और पिता की सेवा के लिए उनके पास चले गए।

पिता को जब यह पता चला कि उनका बेटा नौकरी छोड़ आया है तो उन्हें बड़ा दु:ख हुआ।

भीमराव ने उनका बहुत इलाज कराया, परंतु वे ठीक न हो सके। फरवरी 1913

में एक दिन वे अपने पुत्र भीमराव आंबेडकर को समाज से जूझने के लिए अकेला छोड़कर इस दुनिया से चले गए।

उच्च शिक्षा के लिए अमेरिका रवानगी

अपने मित्र कैलुस्कर की सलाह पर एक बार फिर भीमराव बड़ौदा नरेश महाराज गायकवाड़ की कोठी पर जा पहुँचे। उस समय महाराज भारत के अनेक होनहार युवकों को उच्च शिक्षा के लिए अमेरिका भेजने की योजना में लगे थे।

भीमराव ने महाराज को पूरी कहानी सुनाई और अमेरिका जाकर पढ़ाई करने की इच्छा व्यक्त की। महाराज इस बात से अत्यंत प्रभावित हुए कि भीमराव ने पिता की सेवा करने के लिए लेफ्टिनेंट की नौकरी को लात मार दी थी। वे स्वाभिमानी युवकों को बहुत पसंद करते थे। उन्होंने भीमराव को अनुमति दे दी। उन्हें एक शपथ-पत्र पर हस्ताक्षर करने पड़े, जिसमें लिखा था कि शिक्षा पूरी करने के बाद वे 10 वर्ष तक रियासत की सेवा करेंगे।

4 जून, 1913 को भीमराव अपनी पत्नी रमाबाई और छह माह के बेटे यशवंत से विदा लेकर जहाज द्वारा बंबई से अमेरिका के लिए रवाना हुए।

जुलाई 1913 में उन्होंने कोलंबिया विश्वविद्यालय, न्यूयॉर्क में राजनीति संकाय में दाखिला लिया।

अमेरिका का वातावरण उन्हें बहुत अच्छा लगा। वहाँ जो खुला स्वागत उन्हें मिला, उससे वे हैरान रह गए। भारत की जमीन पर उन्हें कदम-कदम पर अपमान सहना पड़ता था; परंतु अमेरिका जातिवाद के विष से मुक्त था। वहाँ व्यक्ति को महत्त्व दिया जाता था।

दिन भर लड़के-लड़कियाँ उनसे खुलकर मिलते थे और खूब बातें करते थे। अमेरिका प्रवास के दौरान उनकी मुलाकात भारतीय छात्र नवल भटेना से हुई। उस समय भीमराव हॉस्टल में अलग कमरा लेकर रह रहे थे। नवल भटेना की भीमराव से दोस्ती हो गई। उन्होंने भीमराव को अपने ही कक्ष में बुला लिया। फिर वे दोनों एक ही कक्ष में साथ-साथ रहने लगे। साथ-साथ रहते, खाते-खेलते, बातें करते और जमकर पढ़ाई करते। भीमराव को इतने सुख का अनुभव होने लगा, जिसकी उन्होंने कल्पना भी नहीं की थी। हॉस्टल और पढ़ाई का पूरा खर्चा बड़ौदा नरेश दे रहे थे।

भीमराव सबके साथ घुल-मिलकर रहते हुए भी सबसे अलग थे। वे सादा जीवन पसंद करते थे, सादा खाना खाते थे और खूब जमकर पढ़ते थे। दूसरे लड़कों

की तरह फिल्म देखने अथवा गप्पें लड़ाने में उनकी तनिक भी रुचि नहीं थी।

अपनी माँ का स्वप्न, अपने पिता की प्रेरणा, अपनी जाति के उद्धार की चिंता, सदा उन्हें लक्ष्य से बाँधे रहती थी। भटकने और गुम हो जाने के लिए उनके जीवन में कोई गुंजाइश नहीं थी। कौम और देश के नाम समर्पित पूरा जीवन।

दो वर्ष की अवधि में उन्होंने इतनी पुस्तकें खरीद लीं कि उनका अपना छोटा पुस्तकालय ही बन गया। वे रात-दिन पढ़ते रहते थे और बहुत कुछ जानना चाहते थे, बहुत कुछ करना चाहते थे।

5 जून, 1915 को भीमराव आंबेडकर ने कोलंबिया विश्वविद्यालय से एम.ए. की परीक्षा पास की।

इसके बाद वे पी-एच. डी. के लिए अध्ययन और लेखन में जुट गए। उन्होंने 'द नेशनल डिवाइडेंड ऑफ इंडिया : ए हिस्टोरिकल एंड एनेलिटिकल स्टडी' नामक विषय पर थीसिस लिखी और उसे पी-एच. डी. के लिए कोलंबिया विश्वविद्यालय को दे दिया।

पी-एच. डी. का काम समाप्त होते ही जून 1916 में लंदन स्कूल ऑफ इकोनॉमिक्स एंड पॉलिटिकल साइंस में अध्ययन करने के लिए वे लंदन चले गए।

1917 में कोलंबिया विश्वविद्यालय ने उन्हें पी-एच.डी. की उपाधि प्रदान की।

जून 1917 में जब वे लंदन में अर्थशास्त्र में एम.एस-सी. की डिग्री के लिए अध्ययन कर रहे थे तब उन्हें सूचना मिली कि महाराज गायकवाड़ ने उनकी छात्रवृत्ति बंद कर दी है और अब उन्हें लिखित शर्त के अनुसार भारत लौट आना चाहिए और 10 वर्ष तक रियासत की सेवा करनी चाहिए।

आंबेडकर के सामने भारत लौटने के सिवाय कोई चारा न था। उन्होंने लंदन में अपनी उच्च स्तरीय पढ़ाई बंद कर दी और भारत लौट आए।

ऊँचा पद तो मिला, परंतु अपमान ने पीछा नहीं छोड़ा

बड़े उदास मन से आंबेडकर भारत लौटे। उनके आगमन से महाराज गायकवाड़ को बड़ी प्रसन्नता थी। वे उन्हें कोई बड़ा पद देना चाहते थे। अपने ही संसार में मस्त रहनेवाले महाराज यह नहीं जान पाए कि आंबेडकर को अपनी पढ़ाई बीच में रोककर आना पड़ा है। महाराज के सलाहकारों ने उन्हें यही सूचना दी थी कि आंबेडकर की पढ़ाई पूरी हो चुकी है। अब उनकी छात्रवृत्ति बंद कर दी जाए और रियासत की सेवा

के लिए वापस बुला लिया जाए।

महाराज ने अपने अधिकारियों को आदेश दिया था कि आंबेडकर को बड़े सम्मानपूर्वक एक जुलूस के साथ रियासत में लाया जाए; परंतु अधिकारियों को यह बात अच्छी नहीं लगी। ऊँची जाति के गर्व में चूर वे एक महार जाति के व्यक्ति का फूल-मालाओं से स्वागत भला कैसे कर सकते थे। उन्होंने मिलकर यह फैसला लिया कि महाराज की इस आज्ञा को न माना जाए।

भीमराव आंबेडकर दूसरी मिट्टी के बने थे। उन्हें अपने कर्तव्य-पालन और जातीय अधिकारों की लड़ाई लड़ने के सिवाय कुछ और सूझता ही नहीं था। मान-अपमान की दुनिया से तो वे बहुत ऊपर उठ चुके थे।

बड़ौदा रेलवे स्टेशन पर उतरने के बाद उन्होंने अपना सामान उठाया और पैदल ही सीधे राजभवन जा पहुँचे।

महाराज गायकवाड़ के प्रति उनके मन में बहुत श्रद्धा थी। उनकी पढ़ाई बीच में छूट गई थी, इस बात का दुःख तो जरूर था, परंतु महाराज ने उच्च जाति के अधिकारियों के विरोध के बावजूद उनकी इतनी सहायता की थी, इसके लिए उनका रोम-रोम महाराज का आभारी था।

महाराज के सामने पहुँचते ही उन्होंने झुककर उन्हें प्रणाम किया। महाराज ने उन्हें आशीर्वाद दिया और अमेरिका तथा ब्रिटेन के बारे में बहुत सी बातें कीं। भीमराव ने उन्हें बताया कि अमेरिका के लोग भारतीयों का आदर करते हैं, परंतु ब्रिटेन के लोग बराबरी का दर्जा नहीं देते। वे भारतीयों को अपना गुलाम मानते हैं।

महाराज को आंबेडकर से पश्चिमी दुनिया के बारे में बहुत कुछ जानने को मिला। आंबेडकर को महाराज का व्यवहार बहुत अच्छा लगा। महाराज ने सैन्य सचिव के पद पर भीमराव की नियुक्ति का आदेश जारी कर दिया। दो हजार रुपए महीने वेतन और सभी सुविधाएँ।

परंतु उनकी रियासत में ऊँच-नीच और जातिवाद का जो जहर पहले से ही मौजूद था, उसके आगे वे भी विवश थे। बड़ी जाति के अधिकारियों व कर्मचारियों को भीमराव के अंदर छिपा महान् इनसान उतना नजर नहीं आता था जितना यह सत्य नजर आता था कि वे महार जाति के हैं और उनके छूने से वे अपवित्र हो जाएँगे।

सैन्य सचिव के कार्यालय का चपरासी तक उन्हें छोटी जाति के कारण अपने से नीचा समझता था। वे सैन्य सचिव की कुरसी पर बैठकर जब कोई फाइल मँगवाते तो चपरासी दूर से ही उनकी मेज पर फेंककर चला जाता था। जब वह फाइल रखने

के लिए वापस लेने आता तब भीमराव से उसी तरह दूर से ही फाइल लेता था।

चपरासी के जाने के बाद वे अपना सिर दोनों हाथों से थाम लेते और दूर अमेरिका में उनका मन जा पहुँचता। वे सोचते, अमेरिका ने कितनी तरक्की की है। वहाँ के लोग जाति-पाँति के भेदभाव से बहुत ऊपर केवल काम करते हैं और खूब तरक्की करते हैं। जाति के कारण आदमी के हाथों आदमी का अपमान कितनी बड़ी बुराई है। इतना महान् अतीत, इतनी सुंदर संस्कृति और यह जातीय घृणा! हमारे देश के लोगों को आखिर हो क्या गया है? एक ओर तो हम मानवता की बातें करते हैं, मानव मूल्यों की बातें करते हैं, सारी दुनिया को एक महान् जीवन-शैली देने की बातें करते हैं, दूसरी ओर अपने ही भाइयों के साथ इतना अपमानजनक व्यवहार करते हैं कि उनसे छू जाएँ तो अपने आपको अपवित्र मानने लगते हैं। कितना बड़ा ढोंग, कितना बड़ा छलावा!

अब समझ में आता है, हमने तरक्की क्यों नहीं की। अब समझ में आता है, हम गुलाम क्यों हैं। यह जातीय घृणा लोगों के दिलों से नहीं निकाली गई तो यह देश नष्ट हो जाएगा। जो कौमें अपने ही एक भाग को पराया समझने लगती हैं, वे बच नहीं पातीं।

एक दिन उन्होंने चपरासी से पानी लाने के लिए कहा; परंतु चपरासी ने पानी देने से साफ मना कर दिया। बड़ी जाति का चपरासी छोटी जाति के सैन्य सचिव जैसे ऊँचे अधिकारी को भला पानी कैसे पिला सकता था। उसका सारा जातीय दर्प टुकड़े-टुकड़े हो जाता। वह धर्म-भ्रष्ट हो जाता।

भीमराव जानते थे कि चपरासी ऊँची जाति में जनमा है, इसलिए वह उच्च शिक्षा प्राप्त और उच्च पद प्राप्त आंबेडकर की तुलना में बहुत बड़ा है। उसे किसी भी तर्क से झुकाया नहीं जा सकता।

उन्होंने अधिक तर्क नहीं किया। कार्यालय में पानी के घड़े थे; परंतु क्योंकि वे अछूत थे, अत: घड़े से स्वयं पानी लेने का उन्हें अधिकार नहीं था। अत: कोई चारा न देखकर वे कुरसी से उठे और बाहर चले गए।

उनके बाहर जाते ही कार्यालय के सब कर्मचारी इकट्ठे हो गए। वे चपरासी को शाबाशी देने लगे। इतने बड़े अधिकारी का आदेश न मानकर उसने अपना जातीय स्वाभिमान बचा लिया था। सभी बड़ी जातिवालों के लिए यह गौरव की बात थी।

फिर सब राजा साहब की आलोचना करने लगे—विद्वान् है तो क्या हुआ, है तो महार जाति का। उसका छुआ कोई खा नहीं सकता। उसकी सेवा करे तो धर्म

जाता है। यह तो सरासर गलत है। नीची जाति के आदमी को ऊँचे पद पर नहीं होना चाहिए।

आंबेडकर कहीं से पानी पीकर अपने कार्यालय में लौटे तो कर्मचारी भागे; परंतु उनके चेहरों पर लिखे संदेश को आंबेडकर ने पढ़ लिया और फैसला कर लिया कि इस प्रकार रियासत की सेवा न हो सकेगी।

अपमान के इस घूँट को वे पी गए। फिर भी एक और समस्या उनके सामने आ खड़ी हुई। वे अपने परिवार को बड़ौदा लाना चाहते थे, परंतु अछूत होने के कारण कोई उन्हें मकान किराए पर देने के लिए तैयार नहीं था। जब उन्हें कहीं जगह नहीं मिली तो उन्होंने एक पारसी सराय में कमरा किराए पर ले लिया।

अभी कुछ ही दिन हुए थे इस कमरे में आए कि लोगों को उनकी जाति का पता लग गया। बस, सारे मुहल्ले के लोग इकट्ठे हो गए और उन्हें पीटने की तैयारी करने लगे। उनकी दृष्टि में यह सबसे बड़ा अपराध था कि एक अछूत उनकी सराय में उनके बीच आकर रहने लगे और उनका धर्म भ्रष्ट कर दे।

बहुत कहा-सुनी हुई। भीमराव ने हाथ जोड़कर सब लोगों से माफी माँगी और वचन दिया कि वे तुरंत कमरा खाली कर देंगे और इस सराय में कभी दिखाई नहीं देंगे।

जो अपमान हुआ था, उससे वे अंदर तक दहल गए। उन्होंने राजा साहब को एक पत्र लिखा। राजा साहब ने उनकी व्यथा को समझा और दीवान से कहा कि आंबेडकर के रहने का इंतजाम करें।

दीवान ने अकेले में आंबेडकर को समझाया, ''बाबू, तुम अमेरिका और लंदन में पढ़े हो, यह तो ठीक है; पर इस समाज का मैं क्या करूँ? तुमसे राजा साहब को बहुत हमदर्दी है, मुझे भी कम नहीं है; पर क्या करूँ, ये लोग सुधरनेवाले नहीं। बाबू, यह मामूली बात नहीं है, छुआछूत का मामला है। मैंने तुम्हारे रहने का इंतजाम किया तो लोग मुझे जीने नहीं देंगे। हम हर चीज से निबट सकते हैं, पर छुआछूत से नहीं।''

दीवान की बात सुनकर आंबेडकर सन्न रह गए। फिर बोले, ''तो फिर मैं क्या करूँ? मैं तो प्रतिज्ञा-पत्र से बँधा हूँ, नहीं तो इस्तीफा देकर चला जाता।''

दीवान धीरे से बोला, ''प्रतिज्ञा-पत्र की बात भूल जाओ बाबू, मैं महाराज को सब समझा दूँगा।''

भीमराव समझ गए, दीवान को इस्तीफे से ऐतराज नहीं है, बल्कि वह तो यही चाहता है कि किसी तरह पीछा छूटे।

उन्होंने तुरंत त्याग-पत्र लिखा और दीवान को पकड़ा दिया।

महाराज से मिले बिना ही वे सीधे रेलवे स्टेशन चले गए और वहाँ से रेलगाड़ी पकड़कर बंबई जा पहुँचे।

प्रोफेसर आंबेडकर : घड़ा छूने पर हंगामा

बंबई (अब मुंबई) आते ही वे अपने ईसाई मित्र कैलुस्कर से मिले। उसने सीडेहॉम कॉलेज ऑफ कॉमर्स एंड इकोनॉमिक्स, बंबई में अर्जी देने के लिए कहा। कॉलेज में राजनीतिक अर्थशास्त्र के प्रोफेसर की जगह खाली थी। आंबेडकर को कॉलेज में नौकरी मिल गई। नवंबर 1918 में उन्होंने उस कॉलेज में राजनीति और अर्थशास्त्र पढ़ाना शुरू कर दिया।

उनके पढ़ाने का ढंग इतना अच्छा था कि देखते-ही-देखते वे छात्रों के बीच लोकप्रिय हो गए। ज्यों ही उनके साथियों को पता लगा कि वे लंदन व अमेरिका से पढ़कर आए हैं तो उनका आदर और बढ़ गया। छात्रों के बीच उनकी बड़ी तारीफें होने लगीं; परंतु लोकप्रियता के साथ-साथ अछूत जाति में पैदा होने का अभिशाप भी बराबर उनका पीछा कर रहा था।

कॉलेज में पानी पीने के लिए मिट्टी के बड़े-बड़े घड़े रखे गए थे। सब लोग घड़ों से गिलास में पानी लेकर पिया करते थे। एक दिन आंबेडकर जब कक्षा से पढ़ाकर निकले तो प्यास से उनका गला सूख रहा था। वे एक क्षण के लिए यह भूल गए कि घड़े से पानी लेने का हक दूसरों की तरह उन्हें प्राप्त नहीं है। वे झट घड़े के पास पहुँचे और एक गिलास में पानी डालकर पीने लगे। उसी समय वहाँ से एक गुजराती प्रोफेसर गुजरे। उनकी निगाह आंबेडकर पर पड़ गई। उन्हें ध्यान आया कि आंबेडकर तो अछूत हैं। उन्होंने घड़े से पानी ले लिया। उन्होंने घड़ा छू लिया। यह तो अनर्थ हो गया। अछूत चाहे कितना ही विद्वान् क्यों न हो जाए, पर घड़ा तो नहीं छू सकता।

वे डॉ. आंबेडकर की ओर झपटे और गुस्से से बोले, "यह आपने क्या किया? क्या आप भूल गए कि आप अछूत हैं? आपने घड़ा अपवित्र कर दिया। अब इसका पानी कोई नहीं पी सकता।"

डॉ. आंबेडकर के हाथ से गिलास गिर गया। वे थोड़ा सा पानी पी पाए थे, बाकी नीचे बिखर गया। हैरान थे—इतने बड़े कॉलेज के इतने विद्वान् प्रोफेसर और इतने छोटे खयालात।

तभी शोर सुनकर अनेक अध्यापक उस ओर दौड़ पड़े। प्रिंसिपल महोदय भी आ गए। अनेक छात्र भी पीछे आ खड़े हुए। मजमा लग गया।

डॉ. आंबेडकर ठगे से उन तमाम चेहरों को देख रहे थे, जो उन्हें इस महापाप के लिए घूर रहे थे।

अचानक आंबेडकर बोले, ''प्रिंसिपल महोदय, आप ही इन लोगों को समझाइए। मेरा खयाल है, ये सब बहुत पढ़े-लिखे और विद्वान् प्रोफेसर हैं। मेरे छूने से घड़ा अपवित्र नहीं हुआ है। यह बिलकुल वैसा ही स्वच्छ और पवित्र है जैसा मेरे छूने से पहले था। विश्वास रखिए, मेरे हाथ बिलकुल साफ हैं।''

''इतने भोले मत बनो प्रोफेसर आंबेडकर!'' प्रिंसिपल ने उन्हें झिड़का, ''माना आप विलायत में पढ़े हैं, परंतु आपके बाप-दादा तो इस देश की अछूत जाति के ही थे। क्या आप नहीं जानते?''

डॉ. आंबेडकर की ऊपर की साँस ऊपर और नीचे की साँस नीचे रह गई। उन्होंने कुछ कहने के लिए ज्यों ही मुँह खोलना चाहा, प्रिंसिपल ने चपरासी को आदेश दिया, ''यह घड़ा उठाओ और इसे फोड़ दो।''

चपरासी ने तुरंत आज्ञा का पालन किया।

अगले ही क्षण वह घड़ा उठाकर जमीन पर पटक दिया गया और उसके पानी के छींटे आंबेडकर के कपड़ों पर आ गए।

आंबेडकर बहुत देर तक उस टूटे हुए घड़े को खड़े-खड़े देखते रहे। दुःख और उदासी की अनेक रेखाएँ उनके चेहरे पर खिंचीं और विलीन हो गईं।

फिर वे मुसकराए, मानो कह रहे हों, 'यह सब कोई नई बात नहीं है आंबेडकर। यह तो वह अपमान-गाथा है, जो हर अछूत के जीवन का अभिन्न अंग है। पढ़-लिख जाने मात्र से समाज तुम्हें तुम्हारा अधिकार देनेवाला नहीं। इसके लिए लंबी लड़ाई लड़नी होगी, लंबी और लगातार लड़ाई बिना धैर्य खोए, बिना क्रोध किए इस त्रासदी का मुकाबला करो और चाहे कुछ भी करना पड़े, अछूतों के जीवन से इस महाकलंक को धो डालो। मत भूलो कि तुम्हारी माँ को छोटी सी बीमारी के कारण इसलिए मरना पड़ा कि कोई अच्छा वैद्य अछूत के घर में आने के लिए तैयार नहीं हुआ। पिता जब बीमार हुए तो ऊँची जाति के अफसर ने इसलिए छुट्टी देने से इनकार कर दिया कि तुम अछूत हो, और नौकरी से इस्तीफा देकर ही तुम पिता का इलाज करा सकते हो। पग-पग पर संघर्ष करना है। बहुत कुछ खोना पड़ेगा। अपने आपको तिल-तिल कर मिटाना पड़ेगा, तब कहीं जाकर मंजिल हाथ आएगी।'

उनका सीधा हाथ पेन पर पहुँच गया था। अंदर के स्वाभिमान ने कहा था, इस्तीफा दो और चलो यहाँ से। परंतु डॉ. आंबेडकर ने पेन पर से अपना हाथ हटा लिया। संकल्प के साथ हुंकार भरी, 'नहीं, मैं इस्तीफा नहीं दूँगा। मैं मुकाबला करूँगा। देखूँगा, यह समाज मुझे कितना सताता है।'

इस घटना के बाद कॉलेज में एक ऐसा सन्नाटा छा गया जैसे कोई बहुत बड़ी दुर्घटना हो गई हो। डॉ. आंबेडकर के साथ घुल-मिलकर बातें करनेवाले छात्र अपने आप में सिमटे हुए से कटे-कटे रहने लगे। अध्यापक भी डॉ. भीमराव आंबेडकर से बात नहीं करते थे। वे सब खाली समय में अलग समूह में बैठकर ठहाके लगाते और आंबेडकर अकेले बैठकर कुछ पढ़ते रहते, कुछ सोचते रहते।

कुछ दिन बाद थोड़ा बदलाव आया। आपसी बातचीत का सिलसिला बढ़ा। छात्र भी करीब आने लगे। आंबेडकर ने फैसला कर लिया था कि किसी चीज को हाथ नहीं लगाएँगे।

इस प्रकार उन्होंने डेढ़ वर्ष इस कॉलेज में गुजारे। इस बीच 31 जनवरी, 1920 को उन्होंने 'मूकनायक' नामक एक मराठी अखबार का प्रकाशन शुरू किया। इसका उद्देश्य पिछड़ों की लड़ाई लड़ना था। इसमें आंबेडकर ऐसे लेख लिखा करते थे, जिनमें जातिवाद और छुआछूत की कठोर आलोचना की जाती थी।

मार्च 1920 में उन्होंने कॉलेज की नौकरी से इस्तीफा दे दिया और नवल भटेना व महाराज गायकवाड़ के सहयोग से अपने शोध पर अध्ययन करने के लिए लंदन चले गए। सितंबर 1920 में उन्होंने लंदन स्कूल ऑफ इकोनॉमिक्स में दाखिला ले लिया और अध्ययन कार्य में जुट गए। वे 18 घंटे अध्ययन और लेखन के काम में लगे रहते थे।

डॉ. आंबेडकर ने लंदन विश्वविद्यालय से एम.एस-सी. (अर्थशास्त्र) की डिग्री प्राप्त की और रुपए की समस्या पर थीसिस लिखी। साथ ही उन्होंने कानून की पढ़ाई पूरी की।

वे तीन वर्ष तक लंदन में रहे। इस पूरी अवधि में महाराज गायकवाड़ ने उनकी आर्थिक मदद की। उन्हें अपनी पत्नी और बेटे यशवंत की बहुत याद आती थी। वे उन सबको पत्र लिखकर अपनी सफलता के समाचार देते रहते थे।

अप्रैल 1923 में महाराज गायकवाड़ और अपने मित्र नवल भटेना को उन्होंने लिखा कि उनका अध्ययन पूरा हो चुका है, अब वे भारत वापस आना चाहते हैं। भारत में रहकर वे वकालत करेंगे और अछूतों तथा दलितों के हितों के लिए संघर्ष करेंगे।

उनके पत्र से उनके मित्रों तथा परिजन में खुशी की लहर दौड़ गई।

अप्रैल के महीने में जब आंबेडकर जलयान से भारत पहुँचे तो बंबई बंदरगाह पर पहुँचकर उनके मित्रों ने उनका भव्य स्वागत किया।

वकालत शुरू : पहले मुकदमे में ही अछूतों को न्याय दिलाया

भारत पहुँचने के बाद आंबेडकर ने एक वर्ष तक सारी स्थिति को ठीक से समझा, वकालत के लिए अनुमति प्राप्त की तथा दलित उद्धार के लिए रचनात्मक आंदोलन की रूपरेखा तैयार की।

जून 1924 में उन्होंने वकालत का काम शुरू कर दिया।

अब तक भीमराव आंबेडकर अछूतों के हितों के लिए संघर्ष करनेवाले नेता के रूप में थोड़े-थोड़े चर्चित होने लगे थे।

उनके पास पहला मुकदमा तीन अछूत लेकर आए। उन्होंने एक ऐसी पुस्तक लिखी थी, जिसमें अछूत प्रथा के लिए उच्चवर्ग को दोषी ठहराया गया था। पुस्तक प्रकाशित होते ही उच्चवर्ग के लोग भड़क उठे। उन्होंने उन तीनों पर मानहानि का दावा ठोंक दिया।

सेशन जज की अदालत में जब इस मुकदमे पर आंबेडकर ने बचाव पक्ष के वकील के रूप में बहस की तो उसे सुनने के लिए अदालत में लोगों की भीड़ उमड़ पड़ी।

सामाजिक न्याय दिलाने के लिए समर्पित डॉ. आंबेडकर रात-दिन कानून की किताबें पढ़ते और जब बोलते तो विपक्षी वकीलों की बोलती बंद हो जाती। जज उनके तर्कों से हैरान रह जाता।

उन्होंने साबित कर दिया कि किताब में दलितों के साथ उच्च वर्ग की ज्यादती की जो दर्द भरी कहानी लिखी गई है, वह समाज का जीता-जागता सच है। इसे पुस्तक के रूप में देश व समाज के सामने लाकर तीनों अछूत लेखकों ने कोई अपराध नहीं किया है। अपराधी तो ये लोग हैं, जिन्होंने छुआछूत और जातिवाद का विष फैलाकर समाज को गुमराह किया है।

तीनों अछूत मुकदमा जीत गए। इस मुकदमे ने आंबेडकर को दलितों के मसीहा के रूप में स्थापित कर दिया। दलित समाज ने उन्हें हाथोहाथ उठा लिया।

विशाल महार सम्मेलन

अब डॉ. आंबेडकर ने फैसला कर लिया कि वे सामाजिक न्याय के लिए खुला संघर्ष करेंगे। वैचारिक आंदोलन की भूमिका वे बहुत पहले बना चुके थे। मुकदमा जीतने के बाद पिछड़ों की भीड़ अपने चारों ओर उमड़ते देखकर डॉ. आंबेडकर समझ गए कि जिस मौके का उन्हें इंतजार था, वह यही है।

19-20 मार्च, 1926 को उन्होंने बंबई के निकट जिला कुलाबा में एक विशाल

महार सम्मेलन का आयोजन किया।

उनके इशारे पर महार तथा अन्य पिछड़ी जातियों के सैकड़ों युवक व्यवस्था में जुट गए। पूरे महाराष्ट्र व गुजरात क्षेत्र में पोस्टर लगाए गए, प्रचार किया गया।

सम्मेलन में एक लाख से अधिक लोग इकट्ठे हुए। 'डॉ. आंबेडकर जिंदाबाद' के नारों से विशाल पंडाल गूँज रहा था। देश के इतिहास में पहली बार इतना बड़ा सम्मेलन केवल दलितों के चंदे से हुआ था।

आंबेडकर जब मंच पर आए तो तालियों की गड़गड़ाहट और नारों से पंडाल गूँज उठा। आंबेडकर ने कहा, "अब समय आ गया है कि जिन्हें समाज अछूत कहता है, जिनका बात-बात पर अपमान करता है, वे सब एक हो जाएँ। तुम किसी से डरते क्यों हो, क्यों दबते हो? तुम तो देश और समाज के आधार हो। तुम्हारी मेहनत से उगाए गए अन्न से सबका पेट भरता है।

"मैं कहता हूँ, दबना छोड़ो। अपने स्वाभिमान को इकट्ठा करो और उठकर खड़े हो जाओ, एकजुट हो जाओ। तुम सबसे बड़ी ताकत हो। परंतु हाँ, एक बात याद रखो—कोई भी गलत काम न करो। मेहनत की खाओ। मुर्दा पशुओं का मांस खाना बंद कर दो। काम कोई बुरा नहीं होता, परंतु बुरी आदतों को अपने अंदर नहीं आने देना चाहिए। दृढ़ इरादा कर लो, हमें अपने आपको बदलना है और अपने प्रति समाज का रवैया बदलना है। जो बात मुँह से निकालो वह ठोस होनी चाहिए, उसमें वजन होना चाहिए। जब अपनी बात कहो तो आवाज में दम होना चाहिए। दबी जबान में बोलना छोड़ दो। तुम्हारे साथ अगर गलत होता है, अन्याय होता है तो ऊँची आवाज में उसका विरोध करो।"

डॉ. आंबेडकर के विचार युवाओं में गहराई तक उतर गए। बूढ़े और कमजोर लोग तो थोड़ा डरे। उन्हें लगा कि यह आंबेडकर हमें मरवाएगा। बड़ी जातिवालों से टकराएँगे तो वे हमें और हमारे बच्चों को चैन से जीने नहीं देंगे। परंतु युवा वर्ग में उत्साह की लहर दौड़ गई। युवाओं ने घोषणा की, "आज से आंबेडकर का वाक्य हमारे लिए ब्रह्म वाक्य है। हम अपना सबकुछ न्योछावर कर देंगे। हम आंबेडकर के पीछे एकजुट होकर खड़े होंगे और सामाजिक न्याय लेकर रहेंगे।"

इसी सम्मेलन में डॉ. आंबेडकर ने सरकार से माँग की कि वह अछूतों और पिछड़ों को सेना में भरती करे। उन्होंने ब्राह्मणों से निवेदन किया कि वे अछूतों को इनसान समझें और छुआछूत बंद करें।

अगले दिन जन-समूह के साथ डॉ. आंबेडकर चौदार तालाब पहुँचे। उस तालाब के पानी को छूने का अछूतों को अधिकार नहीं था। आंबेडकर ने नारा लगाया, "तालाब

पर हमारा भी उतना ही हक है जितना दूसरों का।'' और उन्होंने दोनों हाथों की अंजलि बनाकर तालाब से पानी लेकर पी लिया। उन्होंने कहा, ''अधिकार भीख में नहीं मिल सकते, उन्हें आगे बढ़कर हासिल किया जाता है।''

महारों का मनोबल बढ़ गया। तालाब से पानी पीने के बाद जुलूस की शक्ल में आंबेडकर आगे बढ़े और उन्होंने वीरेश्वर मंदिर में प्रवेश किया। उनके साथ सैकड़ों दलितों ने मंदिर में प्रवेश किया और पूजा की।

इस सबसे ऊँची जाति के लोग चिढ़ गए। उन्हें लगा कि अछूत सीमा पार कर रहे हैं। इन्हें सबक सिखाया जाना चाहिए।

जैसे ही जुलूस पंडाल में पहुँचा, भालों और लाठियों से उन्होंने दलितों पर हमला कर दिया। उच्च वर्ग के इशारे पर किए गए हमले में बहुत लोग घायल हुए। वे निहत्थे थे। कुछ लोग बुरी तरह सहम गए।

परंतु आंबेडकर और उनके उत्साही साथी अड़ गए। आंबेडकर ने घोषणा की, ''कल हम चौदार तालाब पर कब्जा करेंगे। देखें, पानी पीने के अधिकार से हमें कौन रोकता है!''

अगले दिन ऊँची जाति के लोगों ने पूरी ताकत लगा दी। पुलिस का भी सहारा लिया। परंतु दलितों में इतना जोश था कि किसी के रोके न रुके। आगे बढ़ते ही गए और उन्होंने तालाब पर कब्जा कर लिया।

जॉन साइमन से मुलाकात

उन्हीं दिनों साइमन कमीशन भारत आया हुआ था। आंबेडकर ने एक स्मरण-पत्र तैयार किया और अपने साथ दलितों का एक जत्था लेकर कमीशन के नेता जॉन साइमन से मिले। उन्होंने दलितों की दर्द भरी कहानी जॉन साइमन को सुनाई तो वे हैरान रह गए।

जॉन साइमन ने आंबेडकर से वादा किया कि वे दलितों को पूरा न्याय दिलाएँगे। छुआछूत खत्म की जाएगी, अछूतों व दलितों के प्रतिनिधि को मंत्रिमंडल में शामिल किया जाएगा।

गोलमेज सभा, लंदन में जॉर्ज पंचम से भेंट

आंबेडकर ने अपने निजी प्रयासों से दोनों गोलमेज सम्मेलनों में भाग लिया। पहले सम्मेलन में उन्होंने दलितों की ओर ब्रिटेन के सम्राट् का ध्यान खींचा और दूसरे सम्मेलन में उन्होंने दलितों की ओर से माँग-पत्र पेश किया।

माँग-पत्र में उन्होंने दलितों के लिए अलग निर्वाचन क्षेत्र तथा जनसंख्या के अनुसार प्रांतों की विधानसभाओं तथा केंद्र सरकार में प्रतिनिधित्व की माँग की।

गांधीजी से समझौता

इन माँगों से गांधीजी घबरा गए। इन माँगों का अर्थ था दलितों के लिए देश का बँटवारा। महात्मा गांधी इसके विरोध में आमरण अनशन पर बैठ गए। पूरे देश में तहलका मच गया। कांग्रेसी नेता जवाहरलाल नेहरू, मदन मोहन मालवीय आदि ने आंबेडकर को मनाने की बहुत कोशिश की। वे चाहते थे कि आंबेडकर गांधीजी से मिलें और उनका अनशन तुड़वाएँ, गांधीजी के साथ समझौता करें।

आंबेडकर इसके लिए तैयार नहीं थे। वे जानते थे कि गांधीजी की बात उन्हें माननी पड़ जाएगी और फिर दलितों को उनके अधिकार अलग से नहीं मिल पाएँगे।

जब गांधीजी की हालत बहुत खराब हो गई तो उनकी पत्नी कस्तूरबा गांधी आंबेडकर के पास गईं। उन्होंने आंबेडकर को समझाया कि वे गांधीजी से मिलकर बात करें और उनकी जान बचाएँ।

अब आंबेडकर समझ गए कि गांधीजी से मिलना ही पड़ेगा। उनके मन में गांधीजी के प्रति बहुत प्यार था; परंतु दलितों को न्याय दिलाने के लिए वे कृत संकल्प थे।

उन्होंने 10 सूत्री माँग-पत्र तैयार किया और गांधीजी के सामने रख दिया। इस माँग-पत्र में वे सभी शर्तें शामिल की गई थीं, जिन्हें मान लेने से दलित समाज देश की मुख्यधारा में शामिल हो सकता था और उसकी अगली पीढ़ियाँ सिर उठाकर चल सकती थीं।

गांधीजी ने वे माँगें मान लीं और दोनों नेताओं के बीच ऐतिहासिक समझौता हो गया। आंबेडकर दलितों के उद्धार में जुटे थे और देश में स्वाधीनता का आंदोलन जोरों पर था। आंबेडकर को बहुत काम करना पड़ता था। वे घर-परिवार के लिए तनिक भी समय नहीं निकाल पाते थे।

मई 1935 में उनकी पत्नी रमाबाई की मृत्यु हो गई। वे बीमार थीं। समाज के काम में जुटे होने के कारण वे पत्नी के इलाज के लिए अधिक भाग-दौड़ नहीं कर सके।

पत्नी की मृत्यु ने उन्हें झकझोरकर रख दिया। वे अपने आपको उनकी मौत के लिए जिम्मेदार मानकर बहुत दुखी रहने लगे।

भारत की आजादी और संविधान

पत्नी की मृत्यु के बाद बहुत दिनों तक डॉ. आंबेडकर ने कुछ नहीं किया। पूरा दलित समाज उनके पीछे था और स्वाधीनता का आंदोलन जोरों पर था। उनके कंधों पर दो-दो जिम्मेदारियाँ थीं—आजादी की लड़ाई में महात्मा गांधी जैसे महान् नेता का साथ देना तथा दलितों व पिछड़ों को उनके अभिशाप से मुक्त कराना, उन्हें सामाजिक न्याय दिलाना।

1935 से 1947 तक का 12 वर्ष का समय आंबेडकर के लिए विविध संघर्षों और चुनौतियों से भरा था।

इस बीच कभी वे दलितों के संगठनों का नेतृत्व करते, उन्हें राष्ट्र की मुख्यधारा में लाने के लिए भाषण देते, लेख लिखते, किताबें लिखते; कभी देश-विदेश में आयोजित सभाओं में अपने विचार रखते। गांधीजी के साथ मिलकर आजादी की योजना पर काम करते और उन्हें बार-बार याद दिलाते कि दलितों के साथ न्याय अवश्य होना चाहिए।

इधर उच्च समाज की चोटें उन्हें लगातार सहन करनी पड़ रही थीं। रात-दिन व्यस्त रहने के कारण स्वास्थ्य पर भी विपरीत प्रभाव पड़ने लगा था।

फिर भी वे थके नहीं। उन्होंने दलितों को संगठित करने के लिए बड़े काम किए। उनके पीछे लाखों शक्तिशाली लोगों की टोली बन गई। एक के बाद एक काम होते गए। समस्या आती गई, समाधान होते रहे।

15 अगस्त, 1947 को देश आजाद हो गया। इसके साथ ही देश दो भागों में बँट गया—भारत और पाकिस्तान।

देश में सांप्रदायिक तनाव पैदा हो गया। लाखों की संख्या में हिंदुओं और मुसलमानों की जानें गईं। करोड़ों बेघर-बार हुए।

भारत में संविधान की रचना के लिए सभा का गठन हुआ। डॉ. भीमराव आंबेडकर को संविधान-रचना का कार्य सौंपा गया।

बहुत मेहनत से रात-दिन लगकर उन्होंने संविधान समिति के सहयोग से भारत के लिए श्रेष्ठ संविधान का निर्माण कर लिया।

26 जनवरी, 1950 को उन्होंने यह संविधान भारत सरकार को सौंप दिया।

शारदा कबीर से मुलाकात : दूसरा विवाह

दलितों को न्याय दिलाने के लिए संघर्ष करते-करते तथा भारत के संविधान की रचना में रात-दिन जुटे रहने के कारण आंबेडकर थक गए और बुरी तरह बीमार पड़ गए। उन्हें मधुमेह के रोग ने जकड़ लिया।

पुत्र यशवंत राव ने उन्हें इलाज के लिए बंबई के मापलकर अस्पताल में दाखिल करा दिया।

वहाँ उनकी मुलाकात लेडी डॉक्टर शारदा कबीर से हुई। शारदाजी आंबेडकर के व्यक्तित्व से इतनी प्रभावित हुईं कि उन्होंने उनसे शादी का प्रस्ताव रख दिया। डॉ. शारदा जाति से ब्राह्मण थीं। आंबेडकर शारदाजी की सेवा से बहुत प्रभावित हुए थे। उन्होंने 'हाँ' कर दी और दोनों ने विवाह कर लिया। विवाह के बाद शारदाजी सविता आंबेडकर बन गईं।

हिंदू कोड बिल : मंत्रिमंडल से इस्तीफा

सविताजी की सेवा और स्नेह-वर्षा से डॉ. आंबेडकर शीघ्र ही ठीक हो गए। वे उस समय नेहरूजी की सरकार में कानून मंत्री थे।

स्वस्थ होते ही वे 'हिंदू कोड बिल' नामक प्रस्ताव पर काम करने में जुट गए। प्रस्ताव तैयार होते ही उन्होंने उसे संसद् में पेश कर दिया।

उस बिल की बड़ी आलोचना हुई। राष्ट्रपति डॉ. राजेंद्र प्रसाद, श्यामा प्रसाद मुखर्जी, सरदार पटेल आदि सभी वरिष्ठ नेता उस बिल का विरोध करने लगे। नेहरूजी इसके समर्थन में थे, परंतु अकेले वे कुछ न कर सके।

डॉ. राजेंद्र प्रसाद ने यहाँ तक धमकी दे दी कि "यदि नेहरू सरकार ने यह बिल पास किया तो मैं अपने पद से इस्तीफा दे दूँगा।"

डॉ. आंबेडकर ने इसे अपना सरासर अपमान माना। काफी सोच-समझकर एक दिन वे उठे और उन्होंने प्रधानमंत्री को अपना इस्तीफा सौंप दिया।

बौद्ध धर्म की दीक्षा ली

अब आंबेडकर का मन राजनीति से भर गया था। वे इतने उखड़ गए कि सविताजी का स्नेह भी उन्हें न बाँध सका।

संविधान के अनुसार दलित व पिछड़े वर्गों को आरक्षण मिल गया था। संसद् तथा विधानसभाओं में उन्हें प्रतिनिधित्व मिल गया था। नि:शुल्क शिक्षा और नियुक्तियों में आरक्षण की बात मान ली गई थी। फिर भी, व्यवहार में पिछड़ों का अपमान करने की परंपरा जारी थी।

आंबेडकर ने एक दिन एक विशाल बौद्ध सम्मेलन बुलाया और उसमें उन्होंने हिंदू धर्म छोड़कर बौद्ध धर्म की विधिवत् दीक्षा ली। उनके साथ हजारों दलितों ने बौद्ध धर्म की दीक्षा ली। पूरे देश में दलितों पर उसका भारी प्रभाव पड़ा। बड़ी संख्या में युवकों ने हिंदू धर्म छोड़ दिया और वे बौद्ध बन गए।

दीक्षा के समय उन्होंने ब्रह्मा, विष्णु और महेश को ईश्वर न मानने की घोषणा की। राम, कृष्ण आदि अवतारों को ईश्वर न मानने का संकल्प लिया। ब्राह्मणों से कोई रस्म न करवाने और देवी-देवताओं को न मानने की प्रतिज्ञा की।

संसार से वैराग्य : महानिर्वाण की कामना

बौद्ध धर्म स्वीकार करने के बाद वे बहुत गंभीर रहने लगे। हिंदू धर्म की विसंगतियों और आडंबरों से उनका जी ऊब गया था। उन्होंने प्रतिज्ञा की कि वे हिंदू धर्म में पैदा हुए, यह उनके हाथ में नहीं था; परंतु अब वे हिंदू धर्म में मरेंगे नहीं। यह उनके हाथ में है और वे ऐसा करके दिखाएँगे। अपनी धारणा के आधार पर उन्होंने हिंदू धर्म का त्याग कर दिया और बौद्ध बन गए।

अब वे बंबई स्थित अपने घर में ही रहते थे। उनकी पत्नी सविता आंबेडकर तथा पुत्र यशवंत उनका बहुत खयाल रखते थे।

धीरे-धीरे उनका रोग बढ़ता ही गया। अस्पताल जाने से उन्होंने इनकार कर दिया। वे कहा करते थे, ''जब एक बहुत अच्छी डॉक्टर मेरी जीवन साथी बनकर मेरी सेवा कर रही है तो मैं अस्पताल में पड़कर क्या करूँगा!''

अब वे बिस्तर के बंदी हो गए। शरीर कमजोर होता गया और स्वभाव में चिड़चिड़ाहट का भाव बढ़ता गया।

एक दिन उनका मन बंबई से उचट गया। पत्नी सविता आंबेडकर तथा पुत्र यशवंत राव के साथ वे अपने दिल्ली स्थित निवास 26, अलीपुर रोड आ गए।

सविताजी रात-दिन उनकी सेवा में लगी रहती थीं। बड़े-बड़े नेता उनके स्वास्थ्य के बारे में जानकारी लेने के लिए आते-जाते रहते थे।

6 दिसंबर, 1956 को प्रातःकाल महामानव आंबेडकर ने अचानक अपना शरीर त्याग दिया। दलितों को सामाजिक न्याय दिलवाने वाले, भारतीय समाज से अछूत प्रथा को समाप्त करानेवाले महाविद्वान् आंबेडकर की शव-यात्रा में जन-समूह उमड़ पड़ा था।

प्रस्तुत पुस्तक में महामानव आंबेडकर के प्रेरक विचारों को संकलित किया गया है।

अनुक्रमणिका

सामाजिक चिंतन

व्यक्ति समूह समाज से बनता है—यह एक बहुत ही मजबूत व स्थूल तथा सामान्य वक्तव्य है। समाज कभी भी व्यक्ति से नहीं बनता है, वह वर्ग से बनता है। प्रत्येक समाज के वर्ग अस्तित्व में होते हैं। वर्ग-रचना के मूल में निहित कारण अलग-अलग होते हैं। कभी आर्थिक, कभी बौद्धिक, कभी राजनीतिक कारणों से वर्ग बनते हैं।

~***~

व्यक्ति किसी-न-किसी वर्ग की इकाई बनकर ही जीना चाहता है। यह एक वैश्विक सत्य है। हिंदू समाज भी इसके लिए अपवाद नहीं है। इस नियमानुसार वर्ग जाति में रूपांतरित होते गए। वास्तव में जाति व वर्ग आमने-सामने रहनेवाले पड़ोसी की तरह होते हैं। बहुत मामूली भेदों के कारण उनका अस्तित्व भिन्न-भिन्न लगता है। वस्तुतः जाति स्वयं एक मर्यादित वर्ग है।

~***~

यह संभव है कि मैं गलती पर होऊँ, परंतु मैंने यही हमेशा मुनासिब समझा है कि दूसरों के पथ-निर्देशन और आदेशों को मानने तथा मौन बैठे रहने और स्थितियों को बिगाड़ देने की अपेक्षा त्रुटियाँ करना कहीं श्रेयस्कर है।

~***~

मुझसे ज्यादा योग्य विद्वानों ने जाति के रहस्यों को खोलने का प्रयास किया है। किंतु यह दुःख की बात है कि यह अभी तक व्याख्यायित नहीं हुआ है और हम लोगों को इसके बारे में अल्प जानकारी है। मैं जाति जैसी संस्थाओं की जटिलता के प्रति सजग हूँ और इतना निराशावादी नहीं हूँ कि यह पहेली अगम, अज्ञेय है; क्योंकि मेरा विश्वास है कि इसे जाना जा सकता है। जाति की समस्या में

असैद्धांतिक और व्यावहारिक रूप में एक विकराल समस्या है।

***

भारतीय समाज रक्त की शुद्धता की बात चाहे जितनी ही क्यों न करे, पर यह शुद्ध रक्तवाला समाज नहीं है। इस भारतीय समाज में आर्यों, द्रविड़ों, मंगोलों, शकों, हूणों, आभीरों, नागों, यक्षों आदि न जाने कितनों का सम्मिश्रण है। अनेक जातियाँ देश-विदेश से घूम-घूमकर यहाँ पहुँचीं, बसीं और इस देश की सांस्कृतिक धारा में मिलकर एक हो गईं। ये जातियाँ अपने पूर्ववर्तियों को धकेलकर इस देश की मंत्र बन गईं। इनके परस्पर सतत संपर्कों और संबंधों के कारण एक समन्वित संस्कृति का सूत्रपात हुआ।

***

भारतीय समाज के विषय में यह बात कहना असंगत है कि वह विभिन्न जातियों का संकलन है। संकलन से सजातीयता उत्पन्न नहीं होती। यदि रक्तभेद की दृष्टि से देखा जाए तो भारतीय समाज विजातीय है। हाँ, यह संकलन सांस्कृतिक रूप से अत्यंत सघन है। इसी आधार पर मेरा कहना है कि इस प्रायद्वीप को छोड़कर संसार का कोई देश ऐसा नहीं है, जिसमें इतनी सांस्कृतिक समरसता हो। हम केवल भौतिक दृष्टि से ही संगठित नहीं हैं, बल्कि हमारी सांस्कृतिक एकता भी अविच्छिन्न एवं अटूट है, जो पूरे देश में चारों दिशाओं में व्याप्त है। इसी सांस्कृतिक एकरूपता के कारण जाति प्रथा इतनी विकराल बन गई है कि उसकी व्याख्या करना कठिन कार्य है। कठिन कार्य इसलिए है कि यहाँ सजातीय समाज में भी जाति प्रथा की घुसपैठ है।

***

भारतीय जाति समस्या को यूरोपीय नृविज्ञान और समाजशास्त्र के सिद्धांतों से हम कभी नहीं समझ सकते हैं। भारत में जाति प्रथा का अर्थ है समाज को कृत्रिम हिस्सों में विभाजित करना, जो रीति-रिवाज और शादी-विवाह की भिन्नताओं से बँधे हों। परिणाम स्पष्ट है कि सजातीय विवाह एकमात्र लक्ष्य है, जो जाति प्रथा की विशेषता है, और यदि हम यह जानने में सफल हो जाएँ कि सजातीय विवाह ही क्यों होते हैं, तो हम व्यावहारिक रूप से साबित कर सकते हैं कि जातियों की उत्पत्ति कैसे हुई और उनका ताना-बाना क्या है।

***

वह कौन सा पहला वर्ग था, जो जाति में रूपांतरित हुआ? दूसरे शब्दों में, जाति-व्यवस्था का जनकत्व किसे दिया जाए? आरंभ में ब्राह्मण वर्ग जाति में

बदल गया। इसी ब्राह्मण वर्ग ने इस देश में जाति प्रथा को बढ़ाया।

***

मनु जाति व्यवस्था के जन्मदाता नहीं हैं। मनु के सैकड़ों वर्ष पूर्व जाति प्रथा अस्तित्व में थी। मनु इस व्यवस्था को एक दार्शनिक धरातल पर ले जाकर शास्त्रीय रूप देते हैं। जाति से संबंधित नियमों का मनु ने केवल संकलन किया है।

***

विषम समाज-रचना भावुकता अथवा आदर्शों से समाप्त होनेवाली नहीं है। इसके लिए परिवर्तित मानसिकता और ठोस कार्यक्रमों की आवश्यकता है।

***

आज तक (1935 तक) के आंदोलन केवल पारिवारिक प्रश्नों को सुलझाने के लिए ही किए गए। संपूर्ण समाज की पुनर्रचना की बात कहीं की ही नहीं गई। विधवा विवाह, वृद्ध विवाह, बाल विवाह आदि सुधारों का संबंध व्यक्ति और परिवार के साथ है, समाज-रचना के साथ नहीं है। उच्च वर्णियों की रुचि पारिवारिक सुधारों में अधिक रही। इसी में उनके हित सुरक्षित रहे। जाति या वर्गभेद से टकराने की आवश्यकता उन्हें महसूस नहीं हुई। जाति और वर्ग के कारण उपेक्षित समाज की यातना को वे समझ ही नहीं पाए। विधवा विवाह एवं वृद्ध विवाह आदि स्त्री विषयक समस्याएँ उनके अपने वर्ग में ही अधिक कठोर थीं, इस कारण उनके सामाजिक सुधार उनके वर्ग तक ही सीमित रहे। समाज-रचना में परिवर्तन हो, इस प्रकार की दृष्टि अंग्रेजों की सत्ता यहाँ आने के बाद ही पनपी।

***

जाति संस्था केवल श्रम-विभाजन नहीं है, वह श्रमिकों का भी विभाजन है। केवल श्रमिकों का विभाजन करके ही वह रुकती नहीं, अपितु श्रमिकों के एक-एक समूह को वह नीचे से ऊपर की ओर एक-दूसरे पर रखती जाती है—और सबसे भयंकर बात यह है कि वह क्रमबद्धता जन्म के आधार पर हमेशा के लिए चिपका दी जाती है। विश्व के किसी भी देश में श्रम-विभाजन को श्रमिकों के सामाजिक स्तर के साथ चिपकाया नहीं गया है।

***

भारतीय समाज सीढ़ी-दर-सीढ़ी का ऐसा सिलसिला है, जिसमें हर ऊपर की सीढ़ी का आदमी हर नीचे की सीढ़ी के आदमी को घृणा की दृष्टि से देखता है और नीचे की सीढ़ी का आदमी अपने ऊपर की सीढ़ी के आदमी को आदर की

दृष्टि से। ऐसे समाज में समता, बंधुत्व और प्रजातंत्र को पनपने की रत्ती भर भी गुंजाइश नहीं है। प्रजातंत्र में असमानता कैसी, भेदभाव कैसा, राग-द्वेष कैसा?

***

जाति-व्यवस्था से जो दोष हिंदू समाज में आए, क्या इन दोषों से हम मुक्त हो सकते हैं? जाति-व्यवस्था नष्ट कैसे की जा सकती है? जाति व्यवस्था नष्ट करने के लिए सर्वप्रथम उपजातियाँ नष्ट करनी चाहिए, ऐसी एक धारणा है, जो गलत है। इस प्रयत्न में जातियाँ अधिक मजबूत और शक्तिशाली बनेंगी।

***

जाति-व्यवस्था तोड़ने के लिए एकमात्र उपाय है अंतर्जातीय विवाह। रक्त संबंधों के कारण ही आत्मीयता की भावना तैयार होती है। इसी कारण अंतर्जातीय विवाह अधिकाधिक होते जाएँ तो जाति के बंधन कमजोर हो जाएँगे। एक-दूसरे के प्रति अधिक आत्मीयता तैयार होती जाएगी।

***

जाति व्यवस्था मनुष्य निर्मित है। वह नष्ट की जा सकती है। जाति एक काल्पनिक व्यवस्था है, एक मानसिक वृत्ति है। किसी की मानसिकता को बदलना आसान काम नहीं है।

***

हिंदू जाति का पालन करते हैं। इसका एकमात्र कारण कि हिंदू मूलतः धार्मिक हैं। जाति को धार्मिकता से जोड़ा गया है। मूल धर्म ने ही एक गलत अमानवीय व्यवस्था का समर्थन किया है। शास्त्रों की हँसी उड़ाकर यह व्यवस्था खत्म होनेवाली नहीं है। इसके विरोध में प्रखर बुद्धिवाद और समतावादी समाज-रचना के प्रति प्रतिबद्धता की नितांत आवश्यकता है।

***

जाति और वर्ण अधिष्ठित लोगों के आचरण के मूल में हजारों वर्षों से चली आई श्रद्धाएँ हैं।

***

अंतर्जातीय विवाह का नारा लगाकर काम नहीं होगा। केवल नई व्यवस्था से बात नहीं बननेवाली है।

***

जब-जब आदर्श और काल्पनिक वर्ण-व्यवस्था का प्रचार किया जाता है

तब-तब जातियों से चिपककर जीने का एक बहुत बड़ा आधार जनसामान्य को मिल जाता है।

***

वर्ण-व्यवस्था की जड़ों पर ही आघात करने की आवश्यकता है। जब तक जड़ें तोड़ी नहीं जाएँगी तब तक अस्पृश्यता की मानसिकता समाप्त नहीं हो सकती। अस्पृश्यता और जातिभेद नष्ट करने के लिए शास्त्रों से आधार ढूँढ़ने का प्रयत्न वास्तव में कीचड़ से कीचड़ साफ करने का हास्यास्पद प्रयत्न है।

***

मेरे लिए यह चातुर्वर्ण्य, जिसमें पुराने नाम जारी रखे गए हैं, घिनौनी वस्तु है, जिससे मेरा व्यक्तित्व विद्रोह करता है। लेकिन मैं यह नहीं चाहता कि मैं केवल भावनाओं के आधार पर चातुर्वर्ण्य के प्रति आपत्ति करूँ। इसका विरोध करने के लिए मेरे पास ठोस कारण है। इस आदर्श की अच्छी तरह जाँच-परख के बाद मुझे पूरी तरह विश्वास हो गया है कि चातुर्वर्ण्य सामाजिक संगठन प्रणाली के रूप में अव्यावहारिक, घातक और अत्यंत असफल रहा है। व्यावहारिक दृष्टि से भी चातुर्वर्ण्य से ऐसी अनेक कठिनाइयाँ उत्पन्न होती हैं, जिन पर इसके समर्थकों ने ध्यान नहीं दिया।

***

जाति का आधारभूत सिद्धांत वर्ण के आधारभूत सिद्धांत से भिन्न है; न केवल मूल रूप से भिन्न है, बल्कि मूल रूप से परस्पर विरोधी भी है।

***

यदि कोई व्यक्ति गुण के आधार पर नहीं, जन्म के आधार पर ऊँची हैसियत प्राप्त कर गया हो तो आप क्या करेंगे? उसे कैसे झेलेंगे? इसका उत्तर यही है कि आपको जाति प्रथा का उन्मूलन करना पड़ेगा।

***

प्लेटो ने भी लोगों को प्रकृति के आधार पर तीन भागों में बाँटा था, पर हुआ क्या? वे असफल रहे। चातुर्वर्ण्य सिद्धांत मानव प्रकृति के प्रतिकूल है। वह चल नहीं सकता। चाहे उसे पालन कराने के लिए दंड-विधान की नीति को ही क्यों न अपनाया जाए।

***

आदर्श मानव समाज वह है जो समता, स्वतंत्रता और भ्रातृत्व की भावना पर खड़ा हो और जिसकी नींव त्याग, बलिदान, समर्पण, सत्य, अहिंसा और प्यार पर

रखी गई हो। यदि किसी समाज में ऐसा नहीं है तो वह समाज कैसे हो सकता है? समाज तो मानवकृत है और उसने उसे सबकी सुविधा और विकास के लिए बनाया है।

***

तुम्हारे मुखमंडल की दयनीय दशा देखकर और तुम्हारी निराशामयी आवाज सुनकर मेरा हृदय विदीर्ण हो उठा है। कितने समय से तुम अत्याचारों की चक्की में पिसते आ रहे हो और फिर भी तुममें साहसहीनता व अंधविश्वास त्यागने का विचार पैदा नहीं होता है। तुम लोग जन्म लेते ही क्यों नहीं मर जाते? तुम अपने दयनीय, घृणित और उपेक्षित जीवन से धरती का बोझ क्यों बढ़ाते हो? यदि तुम नवजीवन नहीं अपना सकते और अपनी स्थिति नहीं बदल सकते तो इस जीने से मरना कहीं बेहतर है। यकीनन भोजन, वस्त्र और आवास प्राप्त करना तुम्हारा जन्मसिद्ध अधिकार है। यदि तुम ससम्मान जीना चाहते हो तो तुम्हें स्व-सहायता पर विश्वास करना चाहिए, क्योंकि वही सर्वोपरि सहायता है।

***

हिंदू समाज एकवर्णी समाज बनेगा तो ही उसमें अपनी रक्षा करने की शक्ति का निर्माण होगा। इस आंतरिक शक्ति के अभाव में स्वराज्य स्वतंत्रता की सीढ़ी न बनकर गुलामी की एक सीढ़ी सिद्ध होगा।

***

यह मान भी लिया जाए कि चातुर्वर्ण्य व्यावहारिक है, फिर भी मैं यह निश्चयपूर्वक कहूँगा कि यह एक बहुत ही दोषपूर्ण व्यवस्था है कि ब्राह्मण द्वारा विद्या का संवर्धन किया जाना चाहिए, वैश्य को व्यापार करना चाहिए और शूद्र को सेवा करनी चाहिए। यद्यपि यह एक श्रम-विभाजन ही था, लेकिन क्या इस सिद्धांत का उद्देश्य यह था कि शूद्र को धन-संपत्ति आदि अर्जित ही नहीं करनी चाहिए? यह बहुत ही दिलचस्प प्रश्न है। चातुर्वर्ण्य के समर्थक इसका पहला अर्थ यह निकालते हैं कि शूद्र को धन-संपत्ति आदि अर्जित करने का कष्ट क्यों उठाना चाहिए, जबकि तीनों वर्ण उसकी सहायता के लिए मौजूद हैं। यदि शूद्र को लिखने-पढ़ने की जरूरत होगी तो वह ब्राह्मण के पास जा सकता है। शूद्र को शस्त्र धारण करने की चिंता क्यों करनी चाहिए, जबकि क्षत्रिय मौजूद हैं। इस अर्थ में समझे गए चातुर्वर्ण्य सिद्धांत के अनुसार कहा जा सकता है कि शूद्र एक आश्रित व्यक्ति है और तीनों वर्ण उसके संरक्षक।

***

शिक्षा प्रत्येक व्यक्ति को मिलनी चाहिए, रक्षा के साधन सभी लोगों के पास होने चाहिए। प्रत्येक व्यक्ति के आत्म-परीक्षण के लिए ये परम आवश्यकताएँ हैं। किसी अशिक्षित और निरस्त्र व्यक्ति को उस व्यक्ति से क्या सहायता मिल सकती है कि उसका पड़ोसी शिक्षित और सशस्त्र है?

***

इसमें कोई संदेह नहीं है कि व्यवहार में चातुर्वर्ण्य का संबंध वस्तुत: मालिक और नौकर का था। ब्राह्मण, क्षत्रिय और वैश्यों के आपसी संबंध भी संतोषजनक नहीं थे; फिर भी वे मिलकर कार्य करने में सफल हुए। ब्राह्मण ने क्षत्रियों की खुशामद की और दोनों ने वैश्य को जीवित रहने दिया, ताकि वे उसके सहारे जीवित रह सकें। लेकिन तीनों शूद्र को पददलित करने के लिए सहमत हो गए। उसे धन-संपत्ति अर्जित करने की अनुमति नहीं दी गई, क्योंकि कहीं ऐसा न हो कि वह तीनों वर्गों पर निर्भर ही न रहे। उसे विद्या प्राप्त करने से रोका गया कि कहीं ऐसा न हो कि वह अपने हितों के प्रति सजग हो जाए। उसके लिए शस्त्र धारण करना निषिद्ध था कि कहीं ऐसा न हो कि वह उनकी सत्ता के विरुद्ध विद्रोह करने का साधन प्राप्त कर ले।

***

हमारे चिंतन का मूलाधार 'मनुष्य' होना चाहिए। मनुष्य को उसके मानवीय अधिकार उपलब्ध करा देना हमारी नैतिक जिम्मेदारी है। शास्त्रों ने मानवीय अधिकार ही छीन लिये, इसलिए उनको नकारना जरूरी है।

***

धर्म मनुष्य के लिए है, मनुष्य धर्म के लिए नहीं।

***

जब तक अछूत हिंदू समाज में बना रहेगा तब तक उसका जीवन-स्तर नहीं सुधरेगा और वह निरंतर शोषित, अपमानित तथा अकिंचन बना रहेगा। उसका भाग्य कभी नहीं बदलेगा। कोई भी उसे आर्थिक प्रलोभन देकर अपने धर्म में परिवर्तित कर लेगा। इसका परिणाम यह होगा कि हिंदू समाज में कभी भी क्रांति नहीं हो सकेगी। निरंतर रूढ़ियों के अँधेरे में पड़ा-पड़ा सड़ता जाएगा। हिंदू समाज में रहना है तो उसमें क्रांतिकारी परिवर्तन किए बिना जीवन-स्तर नहीं सुधारा जा सकेगा।

***

अछूतों की आर्थिक स्थिति दिन-प्रतिदिन गिरती जा रही है। उसके पास सामाजिक सौहार्द, सहजीवन की पकड़ और प्रतिष्ठा कुछ भी नहीं है। फिर भी वह हिंदू समाज की इकाई कैसे बना हुआ है? सामाजिक सम्मान प्राप्त किए बिना कोई वर्ग किसी समाज में सम्मान से नहीं रह सकता। यह सब सामाजिक क्रांति लाए बिना संभव नहीं है।

***

गांधीजी के 'हरिजन' पारिभाषिक शब्द पर मुझे आपत्ति है, जिसके मुख्य बिंदु इस प्रकार हैं—

(1) क्या अछूत हरिजन हो जाने से अछूत नहीं रहेगा?
(2) क्या वह मैला नहीं उठाएगा या झाड़ू नहीं लगाएगा?
(3) क्या इससे अन्य वर्णवाले उसे गले से लगा सकेंगे?
(4) क्या उसे हिंदू समाज अछूत न समझकर सवर्ण जैसा मान लेगा?
(5) क्या इससे उसे सामाजिक समता का अधिकार मिल सकेगा?

***

यदि नहीं, तो फिर हरिजन की चक्रव्यूह रचना क्यों? जिस मार्ग से अछूतों का आत्मसम्मान नहीं लौट सके, उस मार्ग से क्या लाभ? हरिजन तो हर एक है।

***

कोई मनुष्य अपमानित होकर धन्यवाद नहीं दे सकता, कोई नारी अपना शील भंग हो जाने पर धन्यवाद नहीं दे सकती और कोई राष्ट्र अपनी स्वाधीनता खोकर धन्यवाद नहीं कर सकता। फिर अछूत 'हरिजन' के वज्र से अपमानित होकर कैसे गांधीजी का धन्यवाद अदा कर सकता है।

***

जब तक अस्पृश्य वर्ग हिंदू समाज में समाविष्ट है, तब तक उसकी उन्नति नहीं होगी। सच्ची स्वतंत्रता प्राप्त करने के लिए उनको हिंदू समाज त्याग देना चाहिए। इससे उन्हें कपड़े बनाने, खाने-पीने, नौकरी करने, शिक्षा प्राप्त करने, सुसंस्कृत समाज में रहने आदि की स्वतंत्रता मिल जाएगी।

***

तुम्हारे पास गँवाने के लिए कुछ भी नहीं है। तुम सिर्फ अपनी बेड़ियों को ही गँवानेवाले हो। धर्मांतरण से तुम्हें अनेक लाभ होनेवाले हैं। सामाजिक दृष्टि से धर्मांतरण की समस्या का ओर देखा जाए तो यह संघर्ष ऊपरी तौर से भले ही सामाजिक प्रतिष्ठा प्राप्त करने की दिखाई पड़े, तो भी वह प्राय: वर्गीय संघर्ष ही

है। हकदार और बेरोजगार में जो निरंतर संघर्ष चल रहा है, वरिष्ठों का जुल्म उसका एक हिस्सा ही है। संघर्ष फलदायक करने के लिए अस्पृश्यों में तीन आवश्यक शक्तियों की कमी है। वे शक्तियाँ हैं—मनुष्य शक्ति, द्रव्य शक्ति और बौद्धिक शक्ति। ये तीनों शक्तियाँ जब तक तुम हिंदू समाज में रहोगे, तब तक तुम प्राप्त नहीं कर सकोगे।

***

कुछ लोग कहते हैं, धर्मांतरण करने से तुम्हें क्या लाभ होनेवाला है। उसका उत्तर है कि स्वराज से भारत को क्या लाभ होगा? हिंदुस्तान को जितनी स्वराज की आवश्यकता है उतनी ही अस्पृश्यों को धर्मांतरण की। धर्मांतरण और स्वराज का अंतिम प्रयोजन है स्वतंत्रता-प्राप्ति।

***

समान नागरिक कानून होना चाहिए। हिंदू, मुसलमान और ईसाई धर्म पर आधारित कानूनों में जहाँ मतभेद के मुद्दे हैं, उन्हें विचारपूर्वक हल करना चाहिए। सब में कुछ समानता के मुद्दे भी हैं। केवल मतभेदों के मुद्दों से बात नहीं बन सकती। समान नागरिक कानून हमारा अंतिम उद्देश्य है।

***

सामाजिक समता की लड़ाई में दलितों को ही महत्त्वपूर्ण भूमिका निभानी है। कमजोर वर्ग को संगठित होकर अपने अधिकार खुद ही प्राप्त करने चाहिए। मैं अस्पृश्य समाज को राजनीतिक अधिकार दिलाने के लिए प्रयत्नशील हूँ। देश की स्वतंत्रता के लिए काम करनेवाले बहुत से युवक हैं। दलित युवकों का उद्धार उन्हें स्वयं करना है। दलितों के उद्धार से ही सचमुच का स्वराज्य संभव है।

***

समाज के सबसे शोषित और उपेक्षित व्यक्ति तक शिक्षा की सुविधाएँ पहुँचनी चाहिए। परंपरा से नकारे गए वर्ग को उच्च शिक्षा हेतु अधिक खर्च न करना पड़े, ऐसी व्यवस्था होनी चाहिए। स्नातक और छात्रों के पाठ्यक्रम द्वारा सांस्कृतिक प्रगति करने के लिए महाविद्यालयों और विश्वविद्यालयों को एकत्र होना जरूरी है।

***

शिक्षा दोधारी शस्त्र के समान है। चरित्रहीन और विनयहीन शिक्षित व्यक्ति पशु से भी अधिक भयंकर होता है। सुशिक्षित मनुष्य का ज्ञान और उसकी शिक्षा जनहित के विरोध में जा रही हो, तो ऐसा व्यक्ति समाज के लिए अभिशाप साबित होता है।

***

अछूत और सवर्ण में वंशभेद नहीं है। पूर्व में यह अंतर विजित और विजेता का था। वंशभेद की भाँति व्यवसाय-भेद भी उसका आधार नहीं है।

***

चांडाल और अस्पृश्य पर्यायवाची शब्द नहीं हैं। ये भिन्न हैं। चांडालों का वर्ग धर्म सूत्र के कालखंड में हुआ, परंतु इसके कई वर्षों बाद करीब 400 ई.पू. में अस्पृश्यों की निर्मिति हुई।

***

अस्पृश्य सारे देश में गाँव से बाहर क्यों रहते हैं? आदिम काल में टोलियों में सतत लड़ाइयाँ हुआ करती थीं। वे टोलियाँ जब स्थायी समाज में परिवर्तित हो गईं तब अन्य स्थानों से विस्थापित टोलियों के लोग उनके यहाँ आए। तब उन्हें गाँव के भीतर प्रवेश नहीं दिया गया। उन्हें गाँव के बाहर ही रहना पड़ा। न केवल भारत में अपितु दुनिया के कई देशों में विस्थापितों को गाँव के बाहर ही रुकना पड़ता था।

***

आर्य-द्रविड़ों के संघर्ष में विजयी आर्यों ने द्रविड़ों को जीत लिया और उन्हें शूद्र बनाया। इसके पूर्व द्रविड़ों ने आदिवासियों को जीता था और उन्हें अस्पृश्य बनाया था। द्रविड़ और नाग इन दोनों को एक ही वंश का सिद्ध करते हैं। बाद में आर्यों ने नाग लोगों को विस्थापित कर दिया और उन्हें अस्पृश्य घोषित किया।

***

विभिन्न वंशों संबंधी निर्णय लेने का आधार अगर वांशिक शरीर रचना शास्त्र है तो उसके आधार पर अगर हम हिंदू समाज की विभिन्न जातियों का मूल्यांकन करें (सिर, आँख, नासिका, ठुड्डी, रंग, कद आदि) तो यह सिद्ध हो जाएगा कि अस्पृश्य, आर्य और द्रविड़ वंश एक-दूसरे से कहीं पर भी भिन्न नहीं हैं। शरीर के विभिन्न अंगों के मापन से यह सिद्ध होगा कि ब्राह्मण और अस्पृश्य एक ही वंश के लोग हैं। अगर ब्राह्मण आर्य हैं तो अस्पृश्य भी आर्य हैं।

***

अछूत बौद्ध थे। शंकराचार्य ने दार्शनिक स्तर पर जाकर जब हिंदू धर्म की पुनर्स्थापना की तब समाज का बहुत बड़ा तबका सत्ता, शक्ति और आतंक के कारण हिंदू धर्म में लौटा; परंतु एक तबका ऐसा था, जो बौद्ध धर्म छोड़ने के लिए तैयार नहीं था। इन्हें ही तिरस्कृत कर अस्पृश्य बना दिया गया। यह षड्यंत्र ढाई हजार वर्ष पूर्व से आरंभ हुआ था।

□

धार्मिक चिंतन

धर्म ही जीवन है और जीवन ही धर्म है। जैसे जीवन क्या है, इस पर मानव का चिंतन निरंतर चलता आया है और भविष्य में भी अहर्निश चलता रहेगा। ठीक वैसे ही धर्म के संबंध में सोचना कभी बंद नहीं होगा। जहाँ आज धर्म है वहाँ धर्म के झगड़े हैं। ये झगड़े आज से नहीं, सदियों से हैं।

~***~

इस धरती पर कोई भी धर्म ऐसा नहीं, जो उत्थान-पतन के दौर से न गुजरा हो। किसी भी धर्म में मानवतावादी दृष्टिकोण का रत्ती भर भी विरोध नहीं है। फिर भी बराबर धर्मयुद्ध होते रहे हैं और धर्म ने अपने सहज स्वभाव को छोड़कर अधर्म का रूप अपना लिया है। धर्म कब अधर्म बनकर भी धर्म बना रहता है, इसके किस्से धर्म के इतिहास में हजारों मिल जाएँगे। कारण भी मालूम पड़ जाएँगे। फिर भी धर्म अपने इस इतिहास को दोहराने से पीछे नहीं हटेगा।

~***~

धर्म मानव इतिहास की सबसे शक्तिशाली चालक शक्तियों में से एक है और इसकी गुणवत्ता केवल उसके द्वारा प्रस्तुत सामाजिक आदर्श की रोशनी में ही समझी जा सकती है। प्रत्येक धर्म को न्याय और उपयोगिता द्वारा ही परखा जाना चाहिए। न्याय, मुक्ति, समानता और भाईचारे का ही दूसरा नाम धर्म है।

~***~

धर्म और समाज की विषमता की जड़ चातुर्वर्ण्य व्यवस्था है। चातुर्वर्ण्य ही अस्पृश्यता की जननी है। जाति-भेद और अस्पृश्यता विषमता के अन्य रूप हैं। अगर इस जड़ को नष्ट नहीं किया गया तो अस्पृश्य वर्ग इस धर्म को निश्चित ही त्याग देगा।

~***~

ऐसे लोगों की कमी नहीं है, जो अस्पृश्यों की दयनीय स्थिति से दुखी होकर, चिल्लाकर अपना जी हलका करते फिरते हैं कि हमें अस्पृश्यों के लिए कुछ करना चाहिए। लेकिन इस समस्या का जो हल करना चाहते हैं, उनमें से शायद ही कोई ऐसा व्यक्ति हो जो यह कहता है कि हमें स्पृश्य हिंदुओं को बदलने के लिए भी कुछ करना चाहिए। यह धारणा बनी हुई है कि अगर किसी का सुधार करना है तो वह अस्पृश्यों का ही करना है। अगर कुछ किया जाना है तो वह अस्पृश्यों के प्रति किया जाना है और अगर अस्पृश्यों को सुधार दिया जाए, तब अस्पृश्यता की भावना मिट जाएगी।

***

जाति-व्यवस्था मनुष्य को संवेदनहीन बनाती है। यह बाँझपन की एक प्रक्रिया है। शिक्षा, संपत्ति एवं श्रम प्रत्येक व्यक्ति के लिए, जो स्वतंत्र एवं पूर्ण मनुष्यत्व प्राप्त करना चाहता है, आवश्यक है। समाज के पिछड़ेपन और अकर्मण्यता का दोष मुख्यत: अप्राकृतिक एवं अवैज्ञानिक सामाजिक व्यवस्था को दिया जा सकता है।

***

क्या कोई यह विश्वास कर सकता है कि पुरुष नाम का कोई ऐसा पशु भी है, जिसके स्पर्श मात्र से पानी गंदा हो जाता है, मनुष्य भ्रष्ट हो जाता है और ईश्वर पूजनीय नहीं रहता। यदि ऐसा पुरुष है तो वह अछूत है, जिसे हिंदू धर्म और हिंदू समाज में पशु से भी बुरा समझा जाता है।

***

एक धर्म में सबको समानता का अधिकार नहीं हो तो वह धर्म कहाँ रह जाता है।

***

अगर हिंदू समाज एकवर्णी समाज बनेगा तो ही उसमें अपनी रक्षा करने की शक्ति निर्मित होगी। इस आंतरिक शक्ति के अभाव में स्वराज्य हिंदुओं की स्वतंत्रता की सीढ़ी न बनकर गुलामी की एक सीढ़ी सिद्ध होगी।

***

धर्म-दर्शन को मैं प्राकृतिक धर्म-दर्शन के रूप में देखता हूँ, जिसमें देव और ईश्वर का अस्तित्व है, जो प्रकृति से अभिन्न रूप से आबद्ध है। धर्म-दर्शन के तीन आधार हैं—

(अ) ईश्वर की सत्ता है और वही प्रकृति का निर्माता है, जिसे हम जगत् कहते हैं।

(आ) ईश्वर जगत् का नियामक अर्थात् नियंत्रक है तथा

(इ) ईश्वर अपनी सत्ता मानवता पर नैतिकता के माध्यम से लागू करता है।

***

धर्म कोई विवरणात्मक या वैज्ञानिक विश्लेषण की विषय-वस्तु नहीं है। धर्म-दर्शन तब तक विश्लेषणात्मक दर्शन होता है जब तक कि वह अपने में तर्क को समाहित नहीं करता है। परंतु तर्क को समाहित करने के बाद वह मानक वैज्ञानिक विषय-वस्तु हो जाता है।

***

मैं नहीं समझता कि सभी धर्म-दर्शनों का एक ही दर्शन होगा, बल्कि सभी धर्मों में कुछ-न-कुछ अलगाव होता है। किसी भी आंदोलन या संस्था का एक क्रांतिकारी दर्शन होता है, जिसके आधार पर वह संस्था संचालित होती है।

***

प्राचीन समाज में मानव अपने राजनीतिक ईश्वर को सबकुछ के रूप में मान्यता देता था। आधुनिक समाज मानवीय पहलुओं को मान्यता देता है, जो ईश्वर को समाज के बाहर रख देता है, तथापि वह ईश्वर को स्वीकार करता है।

***

प्राचीन समाज में प्रत्येक समुदाय के लिए एक ईश्वर था। आधुनिक समाज की भाँति एक संयुक्त विश्वव्यापी ईश्वर नहीं था। वह मानवता को सामूहिकता में रखकर सोचता था। वह मात्र अपने समुदाय के विषय में सोचता था, जबकि वर्तमान में ऐसा नहीं है।

***

एक क्रांति का उद्‌भव जीवन में निरपेक्षता की दशा लाता है और जीवन को उस दिशा में ले जाता है, जहाँ धर्म की सत्ता सफल होती है। दूसरे में धार्मिक विचारों की 'वास्तविक सत्ता' की स्थापना होती है, जिसमें दैवी शक्ति द्वारा अच्छी मानवता के सृजन की अवधारणा होती है। यह प्रणाली बदलाव की है।

***

हालाँकि समूचे विश्व का सारा-का-सारा समाज पूर्णतया किसी एक ही वर्ग का नहीं बना है और प्रत्येक समाज में वर्ग होते हैं, फिर भी अन्य समाज के वर्ग मूलतः भिन्न होते हैं।

***

व्यक्ति के जीवन में धर्म की आवश्यकता के चार कारण हैं—

(1) समाज की स्थिरता और नियंत्रण के लिए नीति की आवश्यकता होती है।

इनमें से किसी एक के अभाव में समाज रसातल को जा सकता है। इसलिए किसी भी समाज को धर्म की आवश्यकता पड़ती है।

(2) धर्म को बनाए रखने के लिए उसे बुद्धि-प्रमाण्यवादी होना चाहिए। विज्ञान बुद्धि-प्रमाण्यवादी है।

(3) केवल नीति की संहिता का अर्थ धर्म नहीं है। धर्म की नीति संहिता में स्वतंत्रता, समता और बंधुत्व इन मूलभूत तत्त्वों को मान्यता मिलनी चाहिए।

(4) दरिद्रता को पवित्र मानने का आग्रह किसी भी धर्म को नहीं करना चाहिए अथवा दरिद्रता का उदारीकरण भी नहीं होना चाहिए।

***

प्रारंभ में चार वर्ण थे। वर्ण का आधार धर्म था और बाद में ये चार वर्ण जातियाँ बन गईं। चार वर्ण एक ही अंश के विभाजन थे। यह कार्य नहीं अपितु श्रम का विभाजन था। इस धर्म द्वारा जातिवाद का उद्‍भव हुआ है। इसने एक व्यक्ति को उसकी जाति तक सीमित कर दिया है। इससे मानव की विशेषताएँ गौण हो गई हैं। जहाँ जाति है वहाँ कोई पवित्रता नहीं है।

***

धर्म मानव की अंतरात्मा की मुक्ति का व्यक्तिगत प्रकरण है।

***

धर्म नीतियों के आधार पर मानव के पारस्परिक सौहार्द और सदाचार को कायम रखता है।

***

धर्म मन, आत्मा और शुद्धि की पहचान का मार्ग है।

***

धर्म की नींव सदाचार और शुद्ध आचरण पर रखी जानी चाहिए।

***

धर्म ग्रंथों से नहीं, व्यवहार से मुखरित हो।

***

धर्म भेदभाव को नहीं मानता है।

***

धर्म करुणा, प्रेम और त्याग का दूसरा नाम है। धर्म घृणा को प्रेम से जीतता है और वह बिना शासक हुए लोगों के दिलों पर राज करता है।

***

धर्म विचलित मन को शांति प्रदान करने का अमृत व्यवहार है। जो धर्म में है,

वह प्रेम में है और सबके साथ समान है।

***

धर्म असहाय, गूँगों और अपाहिजों का सहायक है। वह उनकी अमिट शक्ति है।

***

ये धर्म अपरिवर्तनशील होने का दावा करते हैं। प्रचलित सभी धर्मों की नींव श्रद्धा है। ईश्वरीय कृपा प्राप्त करना और उसकी अनुकंपा से बचना, यह धर्म मार्ग है। इसके सिवा बाकी सभी अधर्म और निषिद्ध माना गया है। परमेश्वर और श्रद्धा के सिवाय अन्य तथ्य का धर्म में कोई स्थान नहीं है। मनुष्य की बुद्धि, उसके विचार आदि को किसी भी धर्म ने मान्यता नहीं दी है। इस कारण ईश्वर के अस्तित्व के संबंध में चर्चा ही नहीं की जा सकती है।

***

सिद्धार्थ नामक व्यक्ति ने जिस धर्म की बात की है, वह प्रचलित कमजोरियों से परे है। एक व्यक्ति द्वारा अनेक व्यक्तियों से कहा गया, यह धर्म है। इस धर्म में गूढ़ता का कोई स्थान नहीं है। ईश्वरीय कृपा, वरदान या शाप, स्वर्ग या नरक—इसकी कोई गुंजाइश इस धर्म में नहीं है। सिद्धार्थ का यह धर्म हाड़-मांस के व्यक्ति, उसके ही जैसे हाड़-मांस के लोगों के लिए, उनकी ही भाषा में उनके ही शब्दों में कहा गया है। इस धर्म में श्रद्धा के लिए कोई स्थान नहीं है। उलटे किसी व्यक्ति या वस्तु पर अंधश्रद्धा न रखने का इसमें आग्रह किया गया है। प्रश्न करो, शंकाएँ उपस्थित करो, विचार करो और अगर विवेक को मान्य हो तो ही स्वीकार करो—ऐसा इस धर्म का आग्रह है। सिद्धार्थ कहीं भी सर्वज्ञाता होने का दावा नहीं करते। वे किसी को संदेश देने की बात नहीं करते। वास्तव में, वे किसी प्रकार का आदेश नहीं देते, कोई निर्णायक बात नहीं करते। यही इस धर्म की शक्ति है।

***

एक सच्चा धर्म समान अवसरों की घोषणा व प्रतिष्ठापना करता है, बाकी सभी धर्म झूठे व बकवास हैं।

***

मेरे बाद मेरे अनुयायियो, बौद्ध धर्म तुम्हारे द्वारा संचालित होगा। यदि तुम इसको आत्मसात् नहीं कर सकोगे तो इसका पालन कैसे करोगे? धर्म मानसिक शुद्धता को तुम्हारे आचरण में स्वीकार करता है।

***

धर्म नैतिक चरित्र का निर्माण स्वतंत्रता, समानता, बंधुत्व के आधार पर करना

चाहता है और मात्र बुद्धवाद ही मानवता के समान अवसरों की बात करता है।

***

आध्यात्मिक दृष्टि से धर्मांतरण की समस्या की ओर देखा जाए तो कहा जा सकता है कि वैयक्तिक विकास सच्चे धर्म का उद्‍देश्य है। मुझे धर्म की वह परिभाषा स्वीकार है, जिससे सारी प्रजा की धारणा होती है। उसके लिए धर्म को बंधुता, समता और स्वतंत्रता—इन सद्‍गुणों की सीख देनी चाहिए।

***

अस्पृश्यता के कारण तुम्हारे गुण व्यर्थ साबित हुए। अस्पृश्यता की वजह से तुम्हें सेना में, पुलिस विभाग में या नाविक दल में प्रवेश नहीं मिलता। अस्पृश्यता तुम्हारे लिए अभिशाप है। अस्पृश्यता ने तुम्हें जगत् के सही जीवन से, सम्मान से और प्रतिष्ठा से वंचित किया है। अस्पृश्यों के लिए कानूनी स्वतंत्रता की अपेक्षा सामाजिक स्वतंत्रता की आवश्यकता है।

***

धर्म-परिवर्तन की बात करना बच्चों का खेल नहीं है। जिस प्रकार कोई नौका खेनेवाला यात्रियों की संख्या का अनुमान लगाकर नौका खेता है और तदुपरांत अपना शेष साजो-सामान सँभालता है, उसी प्रकार हमें भी करना होगा।

***

जब 'दीर्घनिकाय' आदि पालि ग्रंथों को आधार बनाकर भगवान् बुद्ध की जीवनी लिखने की चेष्टा करते हैं, तब हमें कठिनाई है और उनमें उपदेशों की सुसंगत व वैज्ञानिक अभिव्यक्ति बहुत कठिन लगने लगती है। वास्तविकता तो यह है कि संसार में जितने भी धर्म-संस्थापक हुए हैं, उनमें भगवान् बुद्ध की चर्चा या विवरण हमारे सामने अनेक ऐसी समस्याएँ लाता है, जिनका समाधान असंभव नहीं तो दूभर अवश्य है।

***

बुद्ध का धम्म परलोक के संबंध में नहीं है। इसका संबंध मात्र इहलोक से है। यह न स्वर्गवादी है, न नरकवादी है; यह पृथ्वीवादी है। यह धम्म व्यक्तिगत मोक्ष की बात नहीं करता है, सामाजिक मुक्ति का संदेश देता है। यह धम्म निरीश्वरवादी, अनात्मवादी, भौतिकवादी और बुद्धिवादी है। यह धम्म अपरिवर्तनीय नहीं है, परिवर्तनवाद इसका अंग है। यह धर्म विचारशील है।

***

अन्य धर्मों की तुलना में बुद्ध धम्म आधुनिक, वैज्ञानिक निष्कर्षों पर, कसौटियों

पर श्रेष्ठ सिद्ध होता है। आधुनिक युग की चुनौतियों को यह स्वीकार करता है। बुद्धिवाद, सामाजिक सत्ता, बंधुता, स्वतंत्रता, समाजवाद, जनतंत्र आदि आधुनिक मूल्यों के आलोक में इस धम्म को सिद्ध किया जा सकता है।

***

बुद्ध की विचार-पद्धति और तर्क मीमांसा में शब्द प्रमाण्य, ग्रंथ प्रमाण्य का कहीं भी स्थान नहीं है। प्रत्यक्ष प्रमाण और अनुमान पर ही बुद्ध का तर्कशास्त्र खड़ा है। बुद्ध ने एक स्थान पर कहा कि—'मेरे शब्दों को प्रमाण न मानो। तुम्हारी बुद्धि अथवा अनुभव से जो बात जँचती हो, उसे ही सत्य मानो। इस विश्व में अंतिम और अपरिवर्तनीय कुछ भी नहीं है। परिवर्तन और सतत परिवर्तन, यही सत्य है।'

***

बुद्ध का धम्म व्यक्तिनिष्ठ न होकर सामाजिक है। बौद्ध दर्शन धर्म अथवा 'रिलीजन' शब्द के अंतर्गत नहीं आता। वह धम्म अथवा फिलॉसफी ऑफ रिलीजन है। बौद्ध धम्म ने नैतिकता को सर्वाधिक महत्त्व दिया। यह नैतिकता ही धम्म है। उसके अभाव में समाज-धारणा संभव ही नहीं है। यह नैतिकता, स्वतंत्रता, समता और बंधुता के संवर्धन के लिए ही होनी चाहिए।

***

जो धर्म हमारी चिंता करता हो, हमें अवसर प्रदान करना हो, उसके लिए हम प्राण तक देने को तैयार हैं। जो धर्म हमारी परवाह ही नहीं करता, उसकी परवाह हम क्यों करें?

***

समाज धर्म और मजिस्ट्रेट दोनों का चुनाव कर सकता है—जितने अंश में समाज धर्म का पालन करे उतने अंश में धर्म और जहाँ धर्म का पालन न करे वहाँ मजिस्ट्रेट।

***

धर्म तो मनुष्य की अपनी मनुष्यता के लिए है। धर्म के विकास के लिए उसे बलि का बकरा नहीं बनाना चाहिए।

***

सिद्धांत के प्रतिकूल कोई समझौता नहीं किया जा सकता। ऐसा किया भी नहीं जाना चाहिए।

□

आर्थिक चिंतन

माता-पिता शिशु को केवल जन्म देते हैं, भविष्य नहीं। भविष्य तो उनके बनाने से बनेगा।

~***~

भारत में समस्त दरिद्र और दलित लोग गौरव को ईश्वर का दंड मानकर चुपचाप भोग रहे हैं। वे उसे समाज और अर्थव्यवस्था की रुग्णता नहीं मान रहे हैं। वे शोषण, अन्याय, अत्याचार, बलात्कार सहन कर लेंगे; परंतु न्यायालय नहीं जाएँगे।

~***~

रुपए व पाउंड के संबंधों का लाभ उठाकर अंग्रेज भारतीयों का शोषण कर रहे हैं। मुद्रा विनिमय से भारत लाभान्वित नहीं हो सकता है। इसे स्वर्ण स्तर की देशीय स्थिरता प्राप्त न होने के कारण लागू नहीं करना चाहिए।

~***~

मेरा जन्म सर्वसाधारण जनता की जिम्मेदारी लेने के लिए हुआ है। मैं एक गरीब परिवार में पैदा हुआ और बंबई की इंप्रूवमेंट ट्रस्ट चॉल में गरीब लोगों की तरह ही बड़ा हुआ। मुझे आपकी शिकायतें मालूम हैं। खोली प्रणाली आपके खून का शोषण कर रही है। खोली की पद्धति खत्म होनी चाहिए। ऐसा होने पर आपको शांति एवं समृद्धि प्राप्त होगी। अपना ध्येय प्राप्त करने तक यह आंदोलन आपको इसी तरह चालू रखना चाहिए।

~***~

महार महाराष्ट्र की सबसे प्रमुख अछूत जाति है। निम्न तथ्य महार व स्पृश्य हिंदुओं के अधिकारों को परिभाषित करते हैं—

(1) महार प्रत्येक गाँव में पाए जाते हैं।

(2) महाराष्ट्र के सभी गाँव दीवारों से घिरे हैं। बारी-बारी से उनकी पहरेदारी महारों को करनी पड़ती है।

(3) महारों के कुछ अधिकार भी थे, जिनमें वतन भूमि का अधिकार भी था।

महारों के पास वतन भूमि का होना एक पुराना रिवाज था, जिसकी पुष्टि हिंदू-मुसलिम अभिलेखों द्वारा की गई थी; परंतु अंग्रेज सरकार ने इस भूमि पर बहुत अधिक कर-भार लाद दिया था, जिससे महारों पर मुसीबतें काफी ज्यादा बढ़ गईं।

***

क्रूर वतन व्यवस्था के कारण ही महार जाति गुलामी की ओर अग्रसर हुई।

***

वतन प्रणाली का उन्मूलन किया जाए, अर्थात् प्रत्येक गाँव में हिंदुओं की गुलामी कर रहे महारों को अन्य नागरिकों की भाँति आजाद किया जाए। महारों द्वारा की जानेवाली पुश्तैनी सेवा को सशर्त किया जाए। भूमि को स्थायी भूमि मानकर महारों को मालिकाना हक दिया जाए।

***

यद्यपि वतनदारों का कार्य, सेवा, समय और मेहनताना अनिश्चित था, तथापि वतनदारों को सरकारी नौकर माना जाए। वतनदारों के पूरे परिवार न केवल सरकार की अपितु ग्रामीण अधिकारियों तथा पाटील और कुलकर्णी की भी, किसी भी समय सेवा के लिए मजबूर थे। चूँकि वतनदारों को अपने से ऊपर की श्रेणी को संतुष्ट करना होता है, जो भूमि हथियाने के लिए आजाद थे, अत: उनके वतन की कोई सुरक्षा नहीं थी।

***

इतिहास हमेशा एक उद्धरण नहीं होता है, बल्कि वह प्राय: चेतावनी भी होता है।

***

अव्वल तो श्रमिक संहिता भार नहीं है, दूसरे इनके होने से मालिक एवं श्रमिक दोनों के न्यायोचित संबंधों का विकास संभव है। यही तो वास्तविक अवस्था है, जब श्रम कानून बनकर लागू हो जाना चाहिए।

***

सबको अवसर मिले, यह तो कदापि संभव नहीं है कि सब समान होने का एक सार्वजनिक फॉर्मूला तैयार कर लें। आवश्यकताओं तथा शक्ति के अनुसार सदैव

परिवर्तन आते रहेंगे।

***

लोकतांत्रिक समाज यंत्रीकरण के प्रतिकूल नहीं हो सकता। आधुनिक सभ्यता का नारा यंत्र है। यंत्रों के कारण बुराइयाँ नहीं पैदा हुई हैं और न आधुनिक सभ्यता की वजह से। वे गलत सामाजिक संरचना का प्रतिफल हैं।

***

हमारे दल का यह ठोस मत है कि खेती की भूमि के टुकड़े करना और उस पर बढ़ती हुई जनसंख्या का बोझ डालना—ये सही अर्थों में किसानों की दरिद्रता के कारण हैं। पुराने धंधे फिर से चलाना और नए शुरू करना, यही सुधारात्मक उपाय है। जनता की उत्पादन शक्ति और उसकी कार्य-क्षमता में वृद्धि हो, इसलिए तकनीकी शिक्षा विषयक धंधे और जहाँ जरूरत हो वहाँ शासन के स्वामित्व व नियंत्रण में चलनेवाले धंधे शुरू करने का बड़ा विस्तृत कार्यक्रम हम हाथ में लेने वाले हैं।

***

मालिकों द्वारा चलाए गए शोषण से काश्तकारों का बचाव हो। मालिक उन्हें भगा न दें, इसलिए काश्तकारों को सुरक्षा का आश्वासन दिया गया था। श्रमिकों के हित में कानून बनाए जाएँगे। नौकरियाँ देने, पदच्युत करने, कारखानों में बोनस देने, काम के घंटे तय करने, छुट्टी देने, आवास व्यवस्था करने आदि हेतु कानून बनाए जाएँ। बेकारी से मुक्ति के लिए भूमिहीनों को भूमि दी जाएगी।

***

शक्ति द्वारा औद्योगिक शांति संभव नहीं है। कानून के माध्यम से औद्योगिक शांति का प्रयास किया जा सकता है, परंतु गारंटी नहीं दी जा सकती है। यदि सामाजिक न्याय को औद्योगिक शांति का आधार बनाया जाता है तो उसके परिणाम सर्वथा अनुकूल हो सकते हैं, क्योंकि सामाजिक न्याय स्वामी और श्रमिक दोनों का हित-चिंतन करता है। यह लड़ाई तो इतनी सी है कि स्वामी चाहता है कि वह श्रमिक को कम-से-कम देकर अधिक-से-अधिक लाभ कमाए और श्रमिक की मंशा है कि उसे जीवनयापन के लिए यथोचित धन मिल जाए। मालिक का दृष्टिकोण पूँजीवादी होता है और श्रमिक का सदा समाजवादी। जब पूँजीवाद श्रमिकवाद या समाजवाद को निगलने का प्रयत्न करता है तो स्वामी और श्रमिक आमने-सामने आ जाते हैं। श्रम के शोषण के परिणामस्वरूप श्रमिक को आर्थिक विषमताओं से ही नहीं, मानसिक परेशानियों से भी जूझना पड़ता है, जिससे अशांति पैदा होती है, जो हड़तालों के रूप में सामने आती है। आखिर पूँजीपति के सोचने का आधार यह क्यों नहीं बनता है कि वह और श्रमिक

दोनों सामाजिक प्राणी हैं और उत्पादन दोनों के संयुक्त प्रयत्नों का परिणाम है। श्रम भी तो पूँजी है। वह श्रम पूँजी को नकारना क्यों चाहता है?

***

किशोरावस्था में मैंने अपने रिश्तेदारों को खाने के डिब्बे पहुँचाने का काम किया था, अत: मजदूर समस्याओं की कुछ जानकारी मुझे है। अब हमने आर्थिक कठिनाइयों को दूर करने की शुरुआत की है। आज तक हम दलित अस्पृश्य के रूप में इकट्ठा होते थे, आज हम मजदूर के रूप में एकत्रित हैं।

***

हमारे दलित वर्ग को जो अवसर मिलता है वह काफी सीमित है। ऐसे अनेक अवसर होते हैं, जहाँ अस्पृश्यता के कारण अवसर नहीं मिलता है। कपड़ा मिलों के कुछ विभागों में अस्पृश्य नौकर नहीं लिये जाते। रेलवे में वे गैंगमैन के रूप में सड़ते हैं। कुली भी नहीं बन पाते हैं। जब तक तात्त्विक दृष्टि से खुला अन्याय और पक्षपात है तो इनके पराभव के बिना मजदूर एकता कैसे संभव है?

***

हड़ताल करना एक दीवानी अपराध है, फौजदारी गुनाह नहीं। मनुष्य की इच्छा के विरुद्ध उससे काम कराना गुलामी है।

***

कांग्रेस ने ब्रिटिश साम्राज्यवाद के लिए पुकारा होता तो मैं उस दल से सहयोग अवश्य करता, लेकिन यथार्थ ऐसा नहीं है। कांग्रेस दल अपने हाथ में आए संविधानात्मक शासन-तंत्र को पूँजीवादी और निरंतर स्वार्थ में लिप्त लोगों के कल्याण के लिए ही कार्यान्वित कर रहा है। उसने किसान और मजदूर के कल्याण की बलि दे दी है।

***

यदि मुद्रास्फीति तथा अंदरूनी मूल्य-असंतुलन दूर करना है तो टकसाल बंद कर दी जाए। मुद्रा में लचीलेपन के लिए सोने के मूल्य का मानदंड बनाना चाहिए।

***

भूमि ही आज देश की आय का साधन है तो जो परजीवी की भाँति बहुत सारी भूमि अपने पास रखे हैं और उससे ढेर सारी आय प्राप्त कर रहे हैं, उन्हें अवश्य आय कर देना चाहिए।

□

राजनीतिक चिंतन

किसी भी जाति या समुदाय के अभिजन अपनी जाति एवं समुदाय की उन्नति में महत्त्वपूर्ण भूमिका अदा करते हैं; क्योंकि उनकी शक्तियाँ इतनी व्यापक होती हैं कि वे अपने वर्ग के लोगों की सहायता कर सकते हैं। उनसे यह भी अपेक्षा की जाती है कि वे अपने समुदाय की प्रगति में सहायक बनें। दलितों के अभिजन भी इसके अपवाद नहीं हो सकते हैं। चूँकि अभिजन अपने-अपने क्षेत्रों में मान्यता प्राप्त एवं प्रतिष्ठित सदस्य होते हैं, अतः दलित उनसे यह अपेक्षा करते हैं कि अभिजन उनके विकास में सहायक सिद्ध होंगे।

~***~

स्व-सरकार पर्याप्त नहीं है, बल्कि एक अच्छी सरकार चाहिए, जो समाज के सभी वर्गों के विकास के लिए प्रतिबद्ध हो।

~***~

मात्र स्व-सरकार पूर्ण नहीं मानी जा सकती, जबकि कांग्रेस की माँग स्व-सरकार की है। स्वतंत्रता तब पूर्ण मानी जाएगी जब समाज का प्रत्येक नागरिक इस स्वतंत्रता का अनुभव करे और सरकारी तथा गैर-सरकारी प्रतिष्ठानों में बराबर भागीदारी निभाए।

~***~

स्वराज्य जैसा ब्राह्मणों का जन्मसिद्ध अधिकार है वैसा ही महारों का भी है, यह बात कोई भी स्वीकार करेगा। इसलिए उच्च वर्ग के लोगों का यह प्रथम कर्तव्य है कि वे दलितों को शिक्षा देकर उनका मनोबल और सामाजिक स्तर ऊँचा करने की कोशिश करें। जब तक यह नहीं होगा तब तक भारत की स्वतंत्रता का दिन बहुत दूर रहेगा, इसमें संदेह नहीं।

~***~

भारत के स्वतंत्र होने से ही सबकुछ साध्य होगा, ऐसी बात नहीं। भारत एक ऐसा राष्ट्र बनना चाहिए, जिसमें प्रत्येक नागरिक के धार्मिक, सामाजिक, आर्थिक व राजनीतिक अधिकार समान हों और हर एक को व्यक्तित्व के विकास के लिए उचित अवसर प्राप्त हो।

****

बहुमत का राजनीतिक आदर्शवाद समाज का आदर्शवाद हो जाएगा।

****

जनतंत्र सार्वजनिक जीवन जीने की पद्धति है। जनतंत्र एक ऐसी प्रणाली है, जिसके द्वारा आर्थिक और सामाजिक क्षेत्र में बिना रक्त की एक बूँद बहाए क्रांतिकारी परिवर्तन लाए जा सकते हैं।

****

एक ही व्यक्ति अथवा एक ही राजनीतिक दल के हाथों यदि सत्ता सुरक्षित रह जाए तो ऐसी स्थिति में उस राष्ट्र में संसदीय प्रणाली और जनतंत्र की हत्या हो जाती है, अराजकता का राज्य पैदा हो जाता है। मजबूत विरोधी दल सत्ताधारियों पर नियंत्रण रखेगा तथा उसे व्यापक लोक-हित की ओर ले जाने का प्रयास करेगा।

****

भारतीय राजनीति में अभिजन की महत्त्वपूर्ण पकड़ है और यह लोक-कल्याणकारी नहीं रह गया है। इससे संपूर्ण समाज, किसान, मजदूर का भला नहीं होगा।

****

दुनिया में दो ही वर्ग हैं—गरीब और अमीर, शोषित और शोषक। एक और मध्य वर्ग है, वह वास्तव में बहुत छोटा है। किसान और मजदूर शोषित हैं और इसी कारण उनका संगठित होना आवश्यक है।

****

सभी भारतीयों को समता का व्यवहार मिलना चाहिए।

****

जीवन के सभी क्षेत्रों में ऐसी व्यवस्था हो, जिससे प्रत्येक व्यक्ति अपनी बुद्धि और प्रतिभा के बल पर विकास कर सके।

****

प्रत्येक भारतीय को आर्थिक, धार्मिक और राजनीतिक स्वतंत्रता मिले।

****

प्रत्येक भारतीय को समान अवसर मिलें।

***

प्रत्येक भारतीय अपनी जरूरतों से और भय से मुक्त हो जाए। उसे इन दोनों से मुक्त रखने की जिम्मेदारी राज्य की है।

***

एक व्यक्ति दूसरे व्यक्ति का, एक वर्ण दूसरे वर्ण का, एक राष्ट्र दूसरे राष्ट्र का शोषण न करे।

***

मुझे अच्छा नहीं लगता, जब कुछ लोग कहते हैं कि हम पहले भारतीय हैं और बाद में हिंदू और मुसलमान। मुझे यह स्वीकार्य नहीं है। धर्म, संस्कृति, भाषा आदि की प्रतिस्पर्धी निष्ठा के रहते हुए भारतीयता के प्रति निष्ठा नहीं पनप सकती। मैं चाहता हूँ कि लोग पहले ही भारतीय हैं और अंत तक भारतीय रहें, भारतीय के अलावा कुछ नहीं।

***

और मैं इस सदन में पूरे जोर से कहता हूँ कि जब कभी देश के हित और अस्पृश्यों के हित के बीच टकराव होगा तो मैं अस्पृश्यों के हित को तरजीह दूँगा। यदि कोई आततायी बहुमत देश के नाम पर बोलता है तो मैं उसका समर्थन नहीं करूँगा। मैं किसी पार्टी का समर्थन सिर्फ इसलिए नहीं करूँगा कि वह पार्टी देश के नाम पर बोल रही है। जो यहाँ हैं और जो यहाँ नहीं हैं, सब मेरी इस भूमिका को समझ लें। मेरे अपने हित और देश के हित के साथ टकराव होगा तो मैं देश को तरजीह दूँगा; लेकिन अगर देश के हित और दलित वर्ग के हित में टकराव होगा तो मैं दलित वर्ग के हितों को प्राथमिकता दूँगा।

***

दलितों की स्थिति में परिवर्तन समतामूलक समाज की स्थापना के लिए जरूरी है। जाति प्रथा न केवल मानव-गरिमा के विरुद्ध है, बल्कि समतामूलक समाज के स्वप्न के भी विरुद्ध है।

***

जाति-व्यवस्था मनु से पहले ही अस्तित्व में थी। इसलिए यह कहना भूल है कि जाति श्रेणियों का निर्माण शास्त्रों और स्मृतियों ने किया।

***

सांस्कृतिक एकता में कोई भी देश भारत का मुकाबला नहीं कर सकता।

इसमें न केवल भौगोलिक एकता है, अपितु उससे ज्यादा गहरी और मूलभूत एकता है सांस्कृतिक एकता, जो एक छोर से दूसरे छोर तक सारे देश में व्याप्त है। लेकिन इस संस्कृतिजन्य एकरूपता के कारण ही जाति की गुत्थी को सुलझाना अत्यंत कठिन हो जाता है।

***

जाति-व्यवस्था को तोड़ने के लिए सामाजिक क्रांति की आवश्यकता है। सामाजिक सुधार पर्याप्त नहीं हैं।

***

यूरोपीय समाज की वर्तमान व्यवस्था में संपत्ति ही शक्ति का प्रमुख स्रोत है। परंतु यह विचार धोखा है। भारत के संदर्भ में धार्मिक-दार्शनिक विचारधाराओं की बड़ी भूमिका रही है और यह भूमिका भारतीय मार्क्सवादी समझने में असमर्थ रहे हैं।

***

यह गौरतलब है कि मनु का धर्म अब किस स्वरूप में शेष रह गया है। यहाँ स्वीकार करना होगा कि कानून के रूप में, उन नियमों के रूप में, जो किसी न्यायालय के लिए विवादों के निर्णय के लिए बाध्यकारी होते हैं, मनु के धर्म की कोई प्रवर्तन-शक्ति नहीं रही है। इसमें अपवाद विवाह, उत्तराधिकार आदि जैसे मामले हैं, जिनका प्रभाव केवल व्यक्ति पर पड़ता है। सामाजिक आचरण तथा नागरिक अधिकारों को नियमित करनेवाले कानून के रूप में उसे लागू नहीं किया जा सकता है। लेकिन भले ही कानून के रूप में उसकी मान्यता नहीं रही है, प्रथा के रूप में वह अब भी विद्यमान है। कानून के मुकाबले प्रथा भी कोई नगण्य चीज नहीं है। यह सच है कि कानून को राज्य अपने पुलिस बल के माध्यम से लागू करता है और प्रथा यदि वैध नहीं है तो उसे राज्य लागू नहीं कर सकता है। लेकिन व्यवहार में इस अंतर का कोई महत्त्व नहीं है। राज्य जितनी शक्ति से कानून लागू करता है, उतनी ही शक्ति से प्रथा को जन-समूह लागू करता है। इसका कारण है कि संगठित जन-समूह की बाध्यकारी शक्ति राज्य की बाध्यकारी शक्ति से कहीं अधिक प्रबल होती है। मनु का धर्म तकनीकी दृष्टि से कानून नहीं रहा है, फिर भी इस कारण उसकी परिवर्तनीयता पर कोई आँच नहीं आई है।

***

भ्रष्टाचार संसदीय लोकतांत्रिक व्यवस्था के लिए हानिकारक है। भ्रष्टाचार बढ़ेगा तो लोकतंत्र नष्ट हो जाएगा।

मेरा राजनीतिक लक्ष्य है—

(1) पद-दलितों को राजनीतिक अधिकार दिला पाना।

(2) राजनीतिक, सामाजिक तथा आर्थिक संतुलन बनाते हुए इन क्षेत्रों में लोकानुभूति को लोकतंत्र का आधार देना।

(3) जाति व धर्म के भेद के बिना मजदूर मोर्चे का संगठन करना।

(4) राजनीतिक शक्ति से जन-शक्ति का आभास देना।

(5) शिक्षित, संगठित और संघर्षशीलता का लक्ष्य प्राप्त करना।

जनतांत्रिक व्यवस्था एक परिवर्तनशील व्यवस्था है।

किसी भी देश की समाज-रचना में निम्नलिखित बातें हों, तभी जनतंत्र की सफलता संभव होती है—

(1) उस समाज-व्यवस्था में विषमता अधिक मात्रा में न हो।

(2) वहाँ विरोधी दल का अस्तित्व हो।

(3) कानून और प्रशासन में समानता हो। वे एक-दूसरे के लिए पूरक हों, विरोधी नहीं।

(4) संवैधानिक नैतिकता के पालन की वृत्ति जनता तथा शासन में हो। असंवैधानिक आचरण न हो।

(5) बहुसंख्यकों की दादागीरी न चलती हो।

(6) उस समाज में नैतिक मूल्यों को सर्वोपरि महत्त्व दिया जाता हो। नैतिक मूल्य आचरण से निर्धारित हुए हों।

(7) जाग्रत् जनमत हो, देश के प्रशासन के प्रति संवेदनशील हो। देश में घटी घटनाओं, पारित कानूनों के प्रति उनमें अत्यधिक जागरूकता हो।

***

वर्गीय समाज-रचना जनतंत्र के लिए हमेशा खतरनाक साबित हुई है; क्योंकि वर्गीय समाज में एक ओर जुल्म, झूठ, अहंकार, लोभ और स्वार्थ फैला हुआ होता है तो दूसरी ओर स्वतंत्रता, अस्मिता, स्वाभिमान और प्रतिष्ठा का पूर्ण अभाव होता है। असुरक्षा, दरिद्रता तथा भय भी ऐसे समाज में होता है।

***

कानून व्यक्ति द्वारा व्यक्ति के लिए बनाए जाते हैं। कानून में सतत संशोधन की आवश्यकता होती है, परंतु यह संशोधन भी सबकी सहमति से होना चाहिए। सभी के लिए सभी स्थानों पर एक कानून हो। सभी में सभी का हित सुरक्षित होता है। कानून सामाजिक हो, मानवीय हो अर्थात् उसका परिणाम सार्वत्रिक हो। शिक्षा

द्वारा कानून का महत्त्व सिद्ध हो, उसका प्रचार-प्रसार हो, परंतु कानून की ओर जनता भय की दृष्टि से न देखे। कानून पाँच मानवीय मूल्यों पर आधारित होना चाहिए—

(1) कानून लोगों के हित के लिए होता है।

(2) कानून स्वच्छंद अथवा भय के स्रोत से मुक्त होता है।

(3) कानून धर्मनिरपेक्ष होता है।

(4) वह ईश्वर-प्रेरणा के बजाय मानव-प्रेरणा से बनता है।

(5) आवश्यकतानुसार वह परिवर्तनीय है।

राजनीति में समता और आर्थिक क्षेत्र में विषमता—इस दृश्य को बदलना जरूरी है। दोनों के मध्य की खाई को जल्दी-से-जल्दी समाप्त करना होगा। निकट भविष्य में यदि ऐसा नहीं हो सकता तो विषमता में जो छटपटा रहे हैं, ऐसे वर्ग जनतंत्र के मुखौटे का पर्दाफाश कर देंगे।

***

यद्यपि सरकार ने यह महसूस किया कि जमींदार लोग असहाय, गरीब एवं दलितों का खून चूस रहे हैं, फिर भी सरकार ने उन बुराइयों का अंत नहीं किया, जिनसे दलितों का जीवन सदियों से मुरझाया पड़ा है। सरकार के पास इन बुराइयों को समाप्त करने की कानूनी शक्ति है, पर उसने सामाजिक जीवन की वर्तमान संहिता को नहीं बदला।

***

ब्रिटिश सरकार से पूर्व हम अस्पृश्य थे। क्या ब्रिटिश सरकार ने उसकी समाप्ति के लिए कुछ किया है? ब्रिटिश सरकार से पूर्व हम कुओं से पानी नहीं भर सकते थे। क्या ब्रिटिश सरकार ने हमें यह अधिकार दिलाया है? ब्रिटिश सरकार से पूर्व हमें मंदिर, पुलिस एवं सेना में प्रवेश का अधिकार नहीं था। क्या इस सरकार ने हमें वह अधिकार दिलाया है? भले ही ब्रिटिश शासन के भारत में 150 वर्ष बीत चुके हैं, परंतु अस्पृश्यों की दशा ज्यों-की-त्यों है।

***

भारत में बौद्ध इतिहास का अध्ययन करनेवाले जानते हैं कि जिन लोगों ने बौद्ध धर्म का प्रचार आरंभ किया, वे नाग लोग थे। नाग लोग अनार्य थे। आर्यों और नागों के मध्य घोर शत्रुता थी। आर्य-अनार्यों के मध्य अनेक युद्ध लड़े गए। आर्य लोग अनार्यों को समूल नष्ट कर देना चाहते थे। इससे संबंधित पुराणों में अनेक कथाएँ मिलेंगी। आर्यों ने नागों को भस्म कर दिया। अगस्त्य मुनि ने एक नाग को

बचा लिया था और हम उसी नाग के वंशज माने जाते हैं।

***

हमारा लक्ष्य मात्र जल की प्राप्ति और मंदिर में प्रवेश नहीं है, बल्कि इससे आगे समतावाद तक है। हमारा लक्ष्य वर्ण-व्यवस्था को ध्वस्त करना है, जिसके कारण समाज में असमतावाद का जन्म हुआ है।

***

हिंदू धर्म का आधार वर्ण-व्यवस्था है, जो हमें अछूत बनाती है। मैं हिंदू व्यवस्था की वर्ण प्रथा और अस्पृश्यता को स्वीकार नहीं करता हूँ। मैं 'भगवद्गीता' के अलावा किसी अन्य सत्ता को स्वीकार नहीं करता। यद्यपि मैं वेदों की सत्ता को स्वीकार नहीं करता, फिर भी मैं एक सनातन हिंदू हूँ।

***

किसी भी कार्य की सफलता या विफलता जितनी साधन पर निर्भर करती है उतनी ही उसके नैतिक स्वरूप पर। यदि कार्य के मूल में सत्य निहित है तो परिणाम की चिंता की कोई आवश्यकता नहीं, क्योंकि सत्याग्रहियों में आत्मबल की आवश्यकता होती है। जिस कार्य में लोक-संग्रह होता है, वही सत्कार्य है। यही हमारी विचारधारा है। इसे हमने 'गीता' से लिया है। सत्याग्रह ही 'गीता' का मुख्य प्रतिपाद्य है। 'गीता' स्पृश्य-अस्पृश्य दोनों को स्वीकार्य है। हमारे आंदोलन का आधार लोक-संग्रह है।

***

किसी एक व्यक्ति का सत्याग्रह है या असत्याग्रह, यह उस आग्रह की सफलता के लिए उपायोजित साधनों पर निर्भर नहीं करता, बल्कि पूर्णतया उसके नैतिक स्वरूप पर निर्भर करता है। हिंसा-अहिंसा केवल उस आग्रह की सफलता के साधन हैं। यद्यपि कर्म या कर्ता के अनुरोध पर क्रिया का रूप परिवर्तित होता है, परंतु कुछ साधनों के अनुरोध से आग्रह का नैतिक स्वरूप परिवर्तित नहीं होता; क्योंकि किसी एक दुराग्रही ने अपना आग्रह सिद्ध करने के लिए अहिंसा का मार्ग स्वीकार किया तो उसके दुराग्रह को सत्याग्रह नहीं कहा जा सकता या किसी एक सत्याग्रही ने सत्याग्रह की सिद्धि के लिए हिंसा की तो उसके सत्याग्रह को दुराग्रह नहीं कहा जा सकता। यदि ऐसा कहा जाता तो 'गीता' में श्रीकृष्ण ने अर्जुन को सत्याग्रह सिद्धि के लिए जो हिंसा का मार्ग स्वीकारने के लिए विवश किया, उसे क्या कहा जाए।

***

सच कहा जाए तो अस्पृश्यता इतनी भयंकर बात है कि उसके निवारण के लिए कुछ लोगों के प्राण न्योछावर हों तो भी कोई हर्ज नहीं। जीना ही जगत् का पुरुषार्थ नहीं। जीने के अनेक तरीके हैं। गंदगी खाकर कौए भी बहुत साल जीते हैं, लेकिन यह कोई भी नहीं कहेगा कि उनके जीवन में पुरुषार्थ है। मृत्यु के बारे में रोना या घबराना किस लिए? नश्वर देह न्योछावर कर इससे भी शाश्वत कोई चीज प्राप्त करने के लिए, उदाहरणार्थ देश के लिए, सत्य के लिए, ध्येय के लिए, यश के लिए—अनेक महापुरुषों ने अनेक घटनाओं में कर्तव्य रूपी अग्नि में अपने प्राणों की आहुति दी है। महाभारत में वीर माता विदुला ने अपने बेटे को यह उपदेश दिया था कि सड़ते रहने या 100 व्यर्थ की जिंदगियाँ जीने की अपेक्षा कुछ क्षण वीरता की ज्योति दिखाकर बुझ जाएगा तो भी अच्छा है। इस तरह का उपदेश हर माता अपने पुत्र को दे, इस तरह का समय नजदीक आ गया है।

***

मैं यह मानता हूँ कि प्रत्येक माता को प्रसूति पूर्व और प्रसूति पश्चात् की अवधि में विशिष्ट समय तक विश्राम मिलना राष्ट्र-हित की दृष्टि से लाभदायक है।

***

भाषावार प्रांत रचना का तत्त्व इतना विशाल है कि उसे प्रत्यक्ष कार्यान्वित करना मुश्किल है। इस तत्त्व का छोर तक युक्तिवाद स्वीकारने से इतने नए प्रांत बनाने होंगे कि उनकी संख्या ही उस बात की अव्यावहारिकता सिद्ध करेगी।

***

एक भाषा, एक जीवन-पद्धति और एक धर्म राष्ट्रीयता के आधार हैं।

***

भावनात्मक सुसंवाद और राष्ट्रीय एकता हिंदी के कारण अधिक तेजी से हो सकती है।

***

भाषिक प्रांत रचना करनी है तो एक भाषा और अनेक राज्य—इस सूत्र को स्वीकार किया जाए, एक राज्य एक भाषा का नहीं। एक राज्य एक भाषा के कारण उत्तर भारत के एकत्रीकरण की और दक्षिण भारत के विभक्तीकरण की प्रक्रिया आरंभ हो जाएगी।

***

मुझे हिंदी के प्रति अधिक प्रेम है, परंतु हिंदी भाषी लोग ही हिंदी के सबसे बड़े शत्रु हैं और यही मेरे लिए चिंता की बात है।

***

ग्रीस, यूगोस्लाविया, रूमानिया, बुल्गारिया आदि में भी मुसलमान अल्पसंख्यक हैं; परंतु वहाँ तो पृथक् निर्वाचन क्षेत्र नहीं हैं। यूरोप में विभिन्न धर्म व पंथ के लोग संयुक्त मतदाता संघ का विरोध न करते हुए एक ही शासन के नीचे पड़ोसी के रूप में सुख-शांति से रहते हैं।

***

कुछ वर्गों को अलग प्रतिनिधित्व प्राप्त हो, इस मत का समर्थक होने पर भी मेरा मानना है कि इस प्रतिनिधित्व के लिए स्वतंत्र निर्वाचक मंडल हो, इस मत के मैं पूरी तरह खिलाफ हूँ। प्रादेशिक मतदाता संघ और अलग मतदाता संघ दो विपरीत ध्रुव हैं। जनतंत्र के अभाववाले अपने इस देश में जनतंत्र प्रधान राज्य-पद्धति का बीज बोने के लिए जिन मतदान योजनाओं का अवलंबन किया जाएगा, इन सारी योजनाओं से इन दो बातों को पूरी तरह टालना चाहिए। इन दोनों का समाधान है—आरक्षित सीटोंवाली संयुक्त निर्वाचक मंडल पद्धति।

***

यूरोप के राष्ट्रों में अलग वंशों के, अलग भाषाओं के, अलग धर्म-पंथों के लोग भी स्वतंत्र राष्ट्र के रूप में अपना अस्तित्व रख सकते हैं। हिंदुस्तान के स्व-शासित राष्ट्र के रूप में अस्तित्व में रहने में कोई हर्ज नहीं। हिंदुस्तान की परिस्थिति की विभिन्नता को परिलक्षित कर संविधान बनाया जाना चाहिए। जिस तरह किसी भी राष्ट्र का दूसरे राष्ट्र पर शासन करने का अधिकार नहीं है, उसी तरह किसी विशिष्ट वर्ग को अन्य वर्ग पर अधिसत्ता जताने का अधिकार भी नहीं है। प्रत्येक व्यक्ति जीवन एक बार ही व्यतीत करता है। इसलिए इसी जीवन में अधिक-से-अधिक उन्नति का अवसर देने का मानवीय मूल्य स्वीकार करना जरूरी है। इस तरह की श्रद्धा रखना ही आधुनिक मानवीय जनतंत्र राज्य-पद्धति का मूलभूत सिद्धांत है।

***

स्वराज्य क्यों चाहिए, इसका अन्य कोई भी कारण आपको स्वीकार नहीं है तो भी दरिद्रता का कारण आपको स्वीकार करना चाहिए। हिंदुस्तान से तुलना करने लायक दरिद्रता विश्व के किसी भी कोने में आपको नहीं मिलेगी। ब्रिटिश शासनकाल के दौरान भारत में पिछली शताब्दी में कुल 31 अकाल पड़े, जिसमें लगभग ढाई से

तीन करोड़ लोग भूख से मारे गए। यह सच है कि अंग्रेजों ने हिंदुस्तान को परिष्कृत न्याय-पद्धति और सुव्यवस्था दी है, तथापि मनुष्य जाति केवल न्याय व सुव्यवस्था पर जीवित नहीं रहती। वह अन्न पर जिंदा रहती है। लोगों का कल्याण राजनीतिक अधिकार पाने के बाद ही होगा।

***

महात्मा कोई अमर व्यक्ति नहीं है, न ही कांग्रेस हमेशा रहने वाली है। भारत में ऐसे अनेक महात्मा हुए हैं, जिनका लक्ष्य मात्र छुआछूत मिटाना था, उनका सुधार करना था और उन्हें समाज में मिला देना था। लेकिन वे सभी अपने लक्ष्य में सफल नहीं हुए। अनेक महात्मा आए और चले गए, लेकिन अछूत जहाँ थे वहीं रह गए।

***

ग्राम पंचायतों के कारण ही जाति समूहीकरण बढ़ा है। एक आरक्षित देश में विकेंद्रित लोकतंत्र का अर्थ अधिनायकवाद है।

□

भारत में जाति-प्रथा

'जाति' जैसी प्राचीन सामाजिक व्यवस्था की पेचीदी उलझनों का पर्दाफाश करने का सामर्थ्य मुझमें है। मैं निराशावादी नहीं हूँ, जो 'जानने योग्य नहीं है' कहकर विषय की उपेक्षा कर बैठूँ। यह सब जाना जा सकता है। 'जाति की समस्या' सैद्धांतिक और व्यावहारिक रूप में बहुत बड़ी है। यह स्थानीय समस्या होने पर भी शरारतपूर्ण व्यवहार में अति समर्थ समस्या है।

***

जब तक भारत में जातिवाद है, हिंदू बाहरी लोगों से अंतर्जातीय विवाह और अन्य सामाजिक संबंध स्वीकार नहीं करेंगे। हिंदुओं के देशांतर-गमन से भारतीय जातिवाद विश्व-समस्या बन जाएगा। सैद्धांतिक रूप में तो इस व्यवस्था ने जातिवाद के मूल स्रोत को जानने में संलग्न दृढ़ निश्चयी विद्वानों का निरादर ही किया है।

***

प्रख्यात नृवंश-शास्त्रियों के अनुसार भारत की जनसंख्या आर्य, द्रविड़, मंगोल और स्काइथियन अंशों का मिश्रण है। सदियों पहले अपने विकास की आरंभिक दशा में ये जातियाँ भिन्न-भिन्न संस्कृतियाँ लेकर भिन्न-भिन्न दिशाओं से भारत में आईं। इन्होंने अपने पूर्ववर्ती लोगों से युद्ध कर बलपूर्वक इस देश में प्रवेश किया। इनमें से कुछ शांतिप्रिय पड़ोसियों की भाँति यहाँ बस गए। निरंतर संपर्क और आपसी संबंधों से इन्होंने अपनी मूल संस्कृतियों के ऊपर एक सामान्य संस्कृति को जन्म दिया। फिर भी इन समुदायों का भारतीयों में समग्र एकीकरण नहीं हो पाया और इसका स्पष्ट साक्ष्य एक यात्री अपनी भारत-यात्रा में पूर्व-पश्चिम और उत्तर-दक्षिण के लोगों की शरीर रचना और त्वचा के रंग से जान-पहचान सकता है। कुछ विद्वानों की परिकल्पना के आधार पर मिश्रण को समान जातीयता की कसौटी

नहीं माना जा सकता; क्योंकि नृवंश-शास्त्र के अनुसार, सभी व्यक्ति भिन्न जाति के हैं। यह तो सांस्कृतिक एकता है कि विश्व का कोई भी देश भारत प्रायद्वीप की इस सांस्कृतिक एकता को चुनौती नहीं दे सकता। यह मात्र भौगोलिक एकता नहीं है, एक गहन मौलिक एकता है—असंदिग्ध सांस्कृतिक एकता है, जिसने देश को एक छोर से दूसरे छोर तक बाँध रखा है। इस एकरूपता—एकता के कारण ही जाति की समस्या इतनी जीवित बन गई है कि इसकी विवेचना दुष्कर कार्य है। हिंदू समाज को अलग-अलग इकाइयों का समूह मान लेने से मामला बहुत आसान हो जाता है। किंतु 'जाति' तो स्वयं मिश्रणों का पुलिंदा है। 'जाति' की उत्पत्ति की विवेचना इस 'पुलिंदे' की विवेचना की ही प्रक्रिया है।

***

गवेषणा के क्षेत्र में प्रवेश से पूर्व 'जाति' के गुण-धर्म को समझ लेना उचित रहेगा। इस संदर्भ में कतिपय विद्वानों द्वारा की गई 'जाति' की परिभाषाओं की ओर ध्यान आकर्षित करना मैं प्रासंगिक मानता हूँ—

(1) एक फ्रांसीसी पेत्ता सीनारे महाशय ने जाति की परिभाषा की है—जाति एक ऐसा संकुचित निगम है, जो पैतृक सिद्धांतों, निर्धारित परंपराओं से युक्त एक प्रमुख और परामर्शदात्री समिति सहित स्वतंत्र संगठन है और जो कम या अधिक अधिकार-संपन्न सभाओं में एकत्रित होता है, निश्चित उत्सव-अवसरों पर मिलता है, समान व्यवसायों से बँधा है, जिसका संबंध विशेषत: विवाह, खान-पान और उत्सवी शुद्धि के प्रश्न से है, जो अपने अधिकार-क्षेत्र (जो बदलता रहता है) से अपने सदस्यों को शासित करता है तथा निश्चित दंड-विधान और विशेषकर समुदाय से बहिष्कृत करने की स्वीकृति से जाति को अपनी अधिकार-सत्ता के महत्त्व को अनुभव कराने में समर्थ है।

(2) नेस्फील्ड महोदय ने जाति की परिभाषा इस प्रकार की है—एक ऐसा जाति वर्ग, जो अपने वर्ग के अलावा किसी अन्य वर्ग से न तो वैवाहिक संबंध रखता है और न खान-पान का।

(3) सर एच. रिसले के अनुसार, जाति ऐसे परिवारों या परिवार दलों का समूह है, जिसका व्यवसाय विशेष का सूचक एक सामान्य नाम हो, जो अपनी उत्पत्ति किसी एक पौराणिक मानवीय या दैवी पुरुष से मानता हुआ उसी व्यवसाय-वृत्ति का अनुगमन करे, जो जाति-संरचना में अपना निर्णय देने

में सक्षम व प्रवीण व्यक्तियों द्वारा मान्य हो।

(4) डॉ. केलकर ने जाति की परिभाषा इस प्रकार दी है— जाति एक ऐसा सामाजिक वर्ग है, जिसके दो विशिष्ट गुण हैं, (1) सदस्यता अपने सदस्यों तथा सदस्यों से उत्पन्न जनों तक ही सीमित रहती है तथा (2) सदस्यों के लिए अंतर्जातीय विवाह दृढ़ सामाजिक कानूनों द्वारा निषिद्ध होता है।

***

इन परिभाषाओं का पुनरीक्षण हमारे लिए महत्त्वपूर्ण है। प्रथम तीन विद्वानों की परिभाषाओं का अलग-अलग विवेचन करने से स्पष्ट है कि इनमें 'बहुत कम' या 'बहुत अधिक' का समावेश है। कोई भी परिभाषा अपने आप में पूर्ण या सही नहीं है। सभी में जाति-प्रणाली की यांत्रिक संरचना के मुख्य मुद्दे नजरअंदाज कर दिए गए हैं। उनकी यह भूल निश्चित संबंधों के साथ समग्र जाति प्रणाली की अपेक्षा 'जाति' को एक प्रथम इकाई के रूप में परिभाषित करने की वजह से है। सामूहिक रूप में सभी परिभाषाएँ एक-दूसरे की पूरक हैं और इस बात पर बल देती हैं कि दूसरी में क्या 'गूढ़' या 'अस्पष्ट' है।

***

'शौच' जाति की विलक्षणता किसी भी प्रकार नहीं है। यह सामान्यतः पौरोहिती शिष्टाचार है और 'शुचिता' में विश्वास का एक विशेष मामला है। फलतः इसकी जाति से संबद्धता जाति की कार्यशीलता को क्षति पहुँचाए बिना ही अस्वीकार की जा सकती है। 'शौच का विचार' जाति संस्था से इसलिए जोड़ा गया है कि 'पुरोहित वर्ग' जाति का उच्चतम वर्ग होता है तथा 'पौरोहित' और 'शौच' पुरातन संगी हैं। इस प्रकार इसका निष्कर्ष यह हुआ कि 'शौच' धार्मिक कृत्यों में ही जातीय विलक्षणता का प्रतीक है।

***

जाति स्वयं में एक इकाई होने के कारण सामाजिक संसर्ग, सहभोज आदि स्वाभाविक रूप से अपने सदस्यों तक ही सीमित कर देती है। अतः बाह्य लोगों के साथ सहभोज का अभाव परोक्ष अथवा सुनिश्चित वर्जना न होकर जाति के अलगाव की वजह से है।

***

जाति-व्यवस्था के नाना विशिष्ट गुणों के समालोचनात्मक मूल्यांकन के अनंतर 'जाति' को ठीक से समझने के लिए अंतर्जातीय विवाह की वर्जना को जातिवाद

का सार कहा जा सकता है। कुछ विद्वान् इस विचार को मानव-शरीर रचना-शास्त्र के आधार पर अमान्य कर सकते हैं और इसका कारण ऐसे समुदायों का अस्तित्व है, जो 'जाति' की समस्या को बढ़ाए बिना ही इतर लोगों से सामाजिक संबंध नहीं स्थापित करते। सांस्कृतिक भिन्नता लिये दूरस्थ या समीपस्थ प्रदेशों-क्षेत्रों में रहते हुए तथा बाह्य लोगों से सामाजिक संसर्ग न करनेवाले समुदायों का अस्तित्व एक सामान्य सच और वास्तविकता है। इस मत की पुष्टि में संयुक्त राज्य अमेरिका के अमेरिकन इंडियंस नाम से ख्यात नीग्रो, श्वेतांग तथा अन्य विभिन्न जातीय समुदायों का उदाहरण दिया जा सकता है। हमें भारत की भिन्न स्थिति को ध्यान में रखते हुए 'विचार' में गड़बड़ नहीं करनी चाहिए। भारत की भिन्न-भिन्न जातियाँ भिन्न-भिन्न क्षेत्रों में वास करती हुई आपस में कम या अधिक एकरूप होकर सांस्कृतिक एकता प्राप्त कर बैठी हैं और यही एक समान जनसंख्या का प्रमाण है। एकरूपता या समानता का यह स्वरूप ग्रहण कर 'जाति' एक सर्वथा नई समस्या बन जाती है, जो उस स्थिति से पूर्णत: भिन्न है, जिसका प्रादुर्भाव जातीय या सामाजिक समुदायों के अंतर्जातीय विवाह निषेध या सगोत्रता के आधार पर हुआ है। भारत में 'जाति' का अर्थ जनसंख्या का उन सुदृढ़ एवं निश्चित इकाइयों में कृत्रिम विभाजन है, जिन पर आपसी वैवाहिक रीति-रिवाजों के माध्यम से एक-दूसरे में एकरूप होने का प्रतिबंध है। इसका निष्कर्ष हुआ—सजातीय विवाह ही एकमात्र लक्षण है, जो 'जातिवाद' का विशिष्ट गुण है। अब, यदि हम यह स्पष्ट करने में सफलता प्राप्त कर लें कि सजातीय विवाह का पालन कैसे किया जाता है तो निश्चय ही हम जातिवाद की उत्पत्ति और उसके यंत्रीकरण को व्यावहारिक रूप में सिद्ध कर पाने में समर्थ होंगे।

***

यह कहना अप्रासंगिक न होगा कि आज के युग का कोई भी सभ्य समाज भारतीय समाज की भाँति अपने आदिम 'अति जीवन' को प्रस्तुत नहीं करता। इसका गुण-धर्म शुद्ध रूप में प्राचीन है। इसकी जातीय आचार-संहिता समय और सभ्यता के उत्थान के उपरांत भी अपने पूर्वकालीन रूप में कार्य करती है। इन अति जीवनों में से एक सजातीय विवाह-रीति की ओर आपका ध्यान आकर्षित करना चाहता हूँ। प्राचीन विवाह-पद्धति की सर्व विदितता की अधिक विवेचना आवश्यक नहीं। इतिहास के विकास के साथ-साथ सजातीय विवाह ने विशिष्ट गुण गँवा दिया और निकटतम रक्त संबंध को छोड़ कोई अन्य प्रतिबंध विवाह के क्षेत्र में अब नहीं रहा। परंतु भारतीयों में विजातीय विवाह-कानून आज भी निषिद्ध है।

भारतीय समाज 'वंश' शेष न रहने पर भी 'वंश प्रणाली' का आनंद लेता है। यह सजातीय विवाह के सिद्धांत पर आधारित विवाह-कानून में देखा-जाना जा सकता है। बात यह नहीं कि सपिंड विवाह हो नहीं सकते। वस्तुतः सपिंड विवाह रक्त की पवित्रता को दूषित करनेवाला माना जाता है।

***

भारत के विभिन्न गोत्र गोत्रांतर विवाह करते हैं और करते रहे हैं। ऐसी ही रीति संबंध-सूचक समुदायों में पाई जाती है। यह कहना अतिशयोक्ति नहीं कि गोत्रांतर विवाह भारतीयों में स्वीकृत सिद्धांत है, जिसकी अवहेलना करने का कोई साहस तक नहीं कर सकता। जातियों में सगोत्र विवाह संबंध होने पर भी गोत्रांतर विवाह के नियम का दृढ़ता से पालन किया जाता है। सगोत्र विवाह-पद्धति को भंग करने की अपेक्षा गोत्रांतर विवाह-नीति का उल्लंघन करने पर कठोर दंडों का प्रावधान है। इस प्रकार आप देख सकते हैं कि गोत्रांतर विवाह का अर्थ एकरूपता—एक का दूसरे में पूरी तरह मिल जाना है और इस नियम के आधार पर किसी 'जाति' का अस्तित्व नहीं उभरता। लेकिन हम (भारतीयों) में जातियाँ हैं। परिणामतः अंतिम वाक्य विश्लेषण में जातियों की उत्पत्ति—जहाँ तक भारत का संबंध है—का अर्थ है विजातीय (गोत्रांतर) विवाह पर सगोत्र (सजातीय) विवाह संबंध की सर्वोपरि स्थिति। चूँकि मूल गोत्रांतरिक जनाधार में सगोत्रीय विवाह-रीति, जो 'जाति' की उत्पत्ति के समरूप है, एक गंभीर समस्या है।

***

गोत्रांतर विवाह पर सगोत्र विवाह की सर्वोपरि स्थिति का अर्थ-निष्कर्ष है 'जाति' की उत्पत्ति। लेकिन यह इतना सरल नहीं। इसके लिए हम स्वयं को 'जाति' में परिणत होने के आकांक्षी एक समुदाय की परिकल्पना करें और उन साधनों का विश्लेषण-विवेचन करें, जिन्हें वह सगोत्र विवाह-पद्धति के लिए उपयोग में लाता है। यदि एक समुदाय स्वतः को सजातीय बनाना चाहे तो बाह्य समुदायों के साथ वैवाहिक संबंधों के विपरीत औपचारिक निषेधादेश का कोई महत्त्व नहीं, विशेषकर यदि सगोत्र विवाह-रीति के परिचय से पहले सभी वैवाहिक संबंधों में गौत्रिक विवाह प्रथा एक नियम बन जाती है। फिर निकट संपर्क में रहनेवाले समुदायों में एक-दूसरे में एकीभूत होने की प्रवृत्ति पाई जाती है और इस एकीकरण से वे 'समान समाज' बन जाते हैं। जाति-रचना के हित में इस प्रवृत्ति को बलपूर्वक रोकने के लिए 'समान समाज' को एक दायरे में परिसीमित करना परम आवश्यक

है, ताकि लोग बाहर विवाह संबंध न करें।

~***~

बाह्य विवाह संबंधों को रोकने के लिए किया गया समाज-परिसीमन ऐसी आंतरिक समस्याएँ पैदा करता है, जिनका समाधान आसान नहीं है। माना कि एक सामान्य समुदाय में स्त्री व पुरुष कमोबेश बराबर हैं और उनमें आयु की समानता है (वस्तुतः वास्तविक समुदायों में यह समानता नहीं होती है)। अतः 'जाति' बनने के इच्छुक समुदाय के लिए स्त्री-पुरुष की संख्या में 'समानता' कायम रखना अंतिम लक्ष्य है। अन्यथा 'सजातीयता' कभी नहीं रह सकती। दूसरे शब्दों में, सगोत्र विवाह प्रथा की सुरक्षा के लिए आंतरिक विवाह के अधिकार देने होंगे, अन्यथा समुदाय के सदस्य अपनी इच्छानुसार स्वयं को सँभालने के लिए समुदाय से बाहर चले जाएँगे। वैवाहिक रीति की व्यवस्था करने पर भी 'जाति बनने के इच्छुक समुदाय' को विवाह के योग्य स्त्री-पुरुष इकाइयों की संख्या में समानता बनाए रखना आवश्यक है। मात्र इस समानता के आधार पर ही सगोत्र विवाह-रीति को अक्षुण्ण रखा जा सकता है। बहुत अधिक असमानता निश्चित रूप से सगोत्र विवाह नीति को खंडित कर देगी।

~***~

तब 'जाति' की समस्या विवाह योग्य स्त्री-पुरुष इकाइयों के मध्य असमानता समाप्त करने की प्रक्रिया में स्थिर हो जाती है। प्रकृति पर छोड़ने पर दंपती के एक साथ मरने पर दोनों इकाइयों में वांछित संख्या-समानता प्राप्त की जा सकती है। परंतु, ऐसा होना विरल घटना होगी। पति की मृत्यु से एक स्त्री 'अतिरिक्त' हो जाती है। उसका प्रबंध होना चाहिए, अन्यथा वह अंतर्जातीय विवाह कर सगोत्र विचार-नीति का उल्लंघन कर बैठेगी। उसी प्रकार पत्नी की मृत्यु से 'अवँशिष्ट' पति का उसकी वियोग पूर्ति का समुदाय द्वारा सहानुभूतिपूर्वक प्रबंध किया जाना चाहिए, अन्यथा वह जाति से बाहर विवाह कर सगोत्र विवाह-नीति भंग कर देगा। इस प्रकार 'अवशिष्ट' स्त्री और पुरुष दोनों ही जाति के लिए खतरा हैं। यदि निर्धारित दायरे में उनके लिए योग्य पति अथवा पत्नी की व्यवस्था न की गई तो बहुत संभव है कि वे मर्यादा भंग करें, बाहर जाकर विवाह करें और ऐसी संतति को जन्म दें, जो 'जाति' के लिए बाह्य हो।

~***~

आइए, देखते हैं कि हमारा दलित समुदाय 'अवशिष्ट' पुरुष और स्त्री का क्या करता है। हम पहले अवशिष्ट स्त्री को लेते हैं। सगोत्रता के आधार पर उसका

निबटारा दो भिन्न-भिन्न ढंगों से किया जा सकता है। प्रथम उसे मृत पति की चिता में डालकर छुटकारा पा लिया जाए। लिंग-भेद की समस्या के हल का यह अव्यावहारिक स्वरूप कुछ-कुछ मामलों में कारगर साबित हो सकता है, कुछ में नहीं। नतीजतन, हर एक अवशिष्ट स्त्री का निपटान इस तरह नहीं किया जा सकता; क्योंकि यह समाधान आसान होते हुए भी कठिन साधन है। इस प्रकार निबटारा न होने पर अवशिष्ट (विधवा) स्त्री समुदाय में बनी रहेगी। उसके अस्तित्व से समाज को दोहरा खतरा बना रहता है। वह जाति से बाहर विवाह कर सगोत्रीयता का उल्लंघन करे या जाति के भीतर विवाह कर प्रतियोगिता के आधार पर जाति के संभाव्य विवाह-योग्य बंधुओं के लिए सुरक्षित अवसरों का अतिक्रमण करे। वह हर हालत में खतरा है। इसलिए, यदि पति के साथ उसका दहन नहीं किया जाता तो उसके लिए 'कुछ' करना आवश्यक है। दूसरा उपाय उस पर शेष जीवन के लिए वैधव्य लाद देना है। जहाँ तक उद्देश्य—परिणाम का संबंध है, अनिवार्य वैधव्य की अपेक्षा जला देना उत्तम समाधान है। विधवा-दहन से अवशिष्ट स्त्री के अस्तित्व से संभावित तीनों बुराइयों से छुटकारा मिल जाता है। मरकर समाप्त हो जाने पर वह जाति के भीतर या बाहर पुनर्विवाह की समस्या उत्पन्न नहीं करती। फिर भी, व्यावहारिक होने के नाते दाह की तुलना में अनिवार्य वैधव्य श्रेयस्कर है। इसके अतिरिक्त तुलनात्मक दृष्टि से मानवीय होने से यह दाह की भाँति पुनर्विवाह के दोषों के विपरीत सुरक्षात्मक होने पर भी समुदाय की नैतिकता की रक्षा में विफल है। अनिवार्य वैधव्य की सीमा में स्त्री रहती है, यहाँ तक तो ठीक है; किंतु भविष्य में नियमानुसार पत्नी के बनने के सामान्य अधिकार से वंचित कर दिए जाने की वजह से उसमें अनैतिक आचरण के प्रति प्रलोभन बढ़ जाता है। यह अजेय विघ्न नहीं है। इसे एक ऐसी हीन स्थिति में रखा जा सकता है, जिसमें वह चित्त आकर्षित करने का साधन बिलकुल न बन सके।

***

जाति बनने के आकांक्षी समुदाय में अवशिष्ट स्त्री की तुलना में अवशिष्ट पुरुष-विधुर की समस्या अधिक महत्त्वपूर्ण और कठिन है। आदिकाल से ही स्त्री की अपेक्षा पुरुष का हाथ ऊपर रहा है। प्रत्येक समुदाय में स्त्री-पुरुष संबंधों में उसकी अधिक प्रतिष्ठा-प्रधानता रही है। स्त्री वर्ग पर परंपरागत श्रेष्ठता के कारण पुरुष की इच्छाएँ सदा ही विचारणीय रही हैं। दूसरी ओर, स्त्री अन्यायपूर्ण धार्मिक, सामाजिक तथा आर्थिक निषेधों का शिकार रही है। इन निषेधाज्ञाओं का जनक

पुरुष इन सबसे ऊपर रहा है। ऐसी स्थिति में एक अवशिष्ट पुरुष के साथ अवशिष्ट स्त्री सरीखा व्यवहार नहीं किया जा सकता।

***

पुरुष को मृत पत्नी के साथ जलाने की युक्ति दो प्रकार से जोखिम भरी है। प्रथम तो यह पुरुष होने के कारण जलाया नहीं जा सकता; द्वितीय, यदि दहन किया गया तो जाति का एक बलिष्ठ व्यक्ति नष्ट हो जाएगा। अत: उसके सुविधाजनक निबटारे के निमित्त दो उपचार शेष रह जाते हैं। पुरुष समुदाय की संपत्ति है, यह मानकर ही मैंने 'सुविधाजनक' शब्द का प्रयोग किया है।

***

समुदाय के लिए जितना महत्त्वपूर्ण पुरुष है उतनी ही महत्त्वपूर्ण सगोत्र विवाह-नीति है। समाधान द्वारा दोनों सीमाओं का संरक्षण आवश्यक है। ऐसी परिस्थिति में पुरुष को स्त्री की भाँति शेष जीवन विधुर के रूप में व्यतीत करने के लिए बाध्य—मैं कहूँगा कि प्रेरित—किया जाए। यह समाधान कठिन नहीं, क्योंकि कुछ पुरुष तो बिना किसी विवशता के स्वत: ही अविवाहित जीवन बिताते हैं और कुछ जन तो एक कदम आगे जाकर संसार के सुख-भोगों को अस्वीकार कर देते हैं। यह समाधान, जैसा कि मानव स्वभाव है, कठिनता से संपन्न होगा। दूसरी ओर, यदि अवशिष्ट पुरुष समुदाय के लिए क्रिया-कलापों में भागीदार बनकर समाज में रहता है—जैसी कि संभावना है—तो वह समुदाय की नैतिकता के लिए खतरा है। भिन्न दृष्टि से ब्रह्मचर्य—जीवन जहाँ सफल हो जाए, सरल है। किंतु यह 'जाति' की गवेषणा में लाभकारी नहीं है। यदि वह (विधुर) ब्रह्मचर्य का पालन करे और सांसारिक भोगों से विरत रहे तो निस्संदेह उससे सगोत्रीयता और नैतिकता को किसी भी प्रकार का भय नहीं; क्योंकि वह एक 'विरक्त पुरुष' होगा। जहाँ तक उसके समुदाय के भौतिक हित की बात है, अविवाहित तपस्वी के रूप में उसकी अवस्था दहन किए हुए पुरुष की तरह है। एक ओजमयी सामुदायिक जीवन का व्यय-भार वहन करने के लिए 'जाति' द्वारा एक निश्चित संख्या-शक्ति का पालन अनिवार्य है। इसकी आशा करना और अविवाहित जीवन की घोषणा करना ठीक वैसा ही है जैसे योग्य आहार के अभाव में क्षीण होते शरीर को रक्तस्राव द्वारा ठीक करना।

***

समुदाय के अवशिष्ट पुरुष पर अविवाहित जीवन की अनिवार्यता सैद्धांतिक और व्यावहारिक दृष्टि से असफल सिद्ध होती है। अत: उसे गृहस्थ (जो परिवार

का संचालन करता है) बनाए रखने में ही समुदाय का हित है। लेकिन समस्या है उसके लिए जाति के मध्य से एक पत्नी के प्रबंध की। प्रारंभ में यह संभव नहीं है, क्योंकि 'जाति' में 'एक पुरुष के लिए एक स्त्री' का अनुपात नियम होने से किसी के लिए पुनर्विवाह का अवसर नहीं। साथ ही, स्वयं में परिवेष्ठित जाति में विवाह-योग्य स्त्रियों की एक बड़ी संख्या के लिए विवाह-योग्य पुरुषों की खोज की जाती है। अत: उस परिस्थिति में अवशिष्ट पुरुष को समुदाय से संबद्ध रखने के लिए उसके निमित्त अल्प-आयु वर्ग से एक दुलहन का प्रबंध किया जा सकता है। अवशिष्ट पुरुष के लिए निश्चय ही यह सर्वश्रेष्ठ समाधान है। इसमें वह अपनी 'जाति' में बना रहता है। इसके साथ ही इस उपाय से बाहर की ओर निरंतर बहाव द्वारा समुदाय की संख्या संबंधी क्षति में तो सुरक्षा होती ही है, सगोत्रीयता और नैतिकता की सुरक्षा भी की जा सकती है।

***

स्त्री-पुरुष में संख्या समानता चार प्रकार से सुविधापूर्वक बनाई रखी जा सकती है—(1) मृत पति के साथ विधवा को जलाकर (2) स्त्री के लिए दाह से दयालुतर, अनिवार्य वैधव्य (3) विधुर के लिए अविवाहित जीवन प्रभावी बनाना (3) कम उम्र (जो अभी विवाह योग्य नहीं हुई) कन्या से उस (विधुर) का विवाह। यद्यपि, जैसाकि मैंने पहले ही कहा है, विधवा का दहन और विधुर का प्रभावी अविवाहित जीवन—दोनों ही—सगोत्रीयता की सुरक्षा के लिए प्रयत्नरत समुदाय के लिए शंकास्पद कार्य हैं। दोनों ही 'साधन' के रूप में फलीभूत होते हैं और ये (साधन) शक्ति के रूप में मुक्त होने अथवा गति प्राप्त करने पर 'परिणाम' को जन्म देते हैं। तब प्रश्न उठता है, साधन किस परिणाम को जन्म देते हैं? ये सगोत्रीयता को जन्म देते हैं, स्थिरता प्रदान करते हैं। 'जाति' की भिन्न-भिन्न परिभाषाओं के विश्लेषण के अनुसार 'जाति' और 'सगोत्रीयता' एक है। इस प्रकार इन साधनों का अस्तित्व 'जाति' के अनुरूप है और ये साधन 'जाति' के अंतर्गत हैं।

***

भारत में जातिवाद निश्चित रूप से अति प्राचीन संस्था है। प्राय: रीति-रिवाज और नैतिकताएँ अपना इतिहास सुनानेवाले, किंतु पृथ्वी में गढ़े हुए कोई पाषाण खंड अथवा अस्थि-पंजर नहीं हैं।

***

हिंदू समाज, एक बाहरी द्रष्टा के लिए, पत्नी संबंधी तीन पेचीदा और विलक्षण रीतियाँ प्रस्तुत करता है। सती होना अर्थात् मृत पति की चिता-अग्नि में विधवा दहन, अनिवार्य वैधव्य जिसमें विधवा को पुनर्विवाह की अनुमति नहीं तथा बालिका विवाह।

***

जहाँ तक मुझे ज्ञात है, इन रीतियों की उत्पत्ति की वैज्ञानिक व्याख्या आज तक नहीं की गई। यों हमारे पास दर्शन शास्त्रों का विपुल भंडार है, जो यह तो बताते हैं कि इन रीति-रिवाजों का 'आदर' क्यों किया गया, परंतु इनकी उत्पत्ति और अस्तित्व के विषय में मौन हैं। पति और पत्नी के मध्य शरीर और आत्मा की एकता तथा समाधि से परे भक्ति को प्रमाण मानकर सती प्रथा को मान्यता दी गई। यह उमा द्वारा अभिव्यक्त पत्नीत्व के आदर्श को साकार करता है—अपने स्वामी के प्रति निष्ठा ही स्त्री का सम्मान है। यही उसका अनंत स्वर्ग है। हे महेश्वर! उसने मर्मस्पर्शी मानवीय पुकार के साथ कहा, 'यदि आप मुझसे प्रसन्न नहीं तो मैं बैकुंठ की भी कामना नहीं करती।' अनिवार्य वैधव्य को मान्यता कैसे मिली, मैं नहीं जानता और न ही मेरी भेंट ऐसे किसी व्यक्ति से हुई है, जो इसकी प्रशंसा के गीत गाता हो। हाँ, ऐसे अनगिनत हैं, जो इससे चिपके हुए हैं। डॉ. केलकर ने बालिका-विवाह की प्रशंसा इस प्रकार प्रस्तुत की है—'यथार्थ में एक सच्चा पुरुष या स्त्री अपने से विवाहित स्त्री या पुरुष के अतिरिक्त किसी अन्य के प्रति आकर्षण न रखे। ऐसी पवित्रता विवाह के पश्चात् ही नहीं, पहले भी आवश्यक है; क्योंकि यह सदाचार का सत्य आदर्श है। कोई भी कुमारी पवित्र नहीं समझी जाएगी, यदि वह उस व्यक्ति—जिससे उसका विवाह होने वाला है—के अतिरिक्त अन्य किसी से प्रेमभाव रखती है। वह नहीं जानती कि उसका विवाह किससे होगा, इसीलिए उसे ब्याह से पूर्व किसी भी पुरुष से प्रेम नहीं करना चाहिए। यदि वह करती है तो यह पाप है। अत: भोग-विलास की भावना जाग्रत् होने से पहले ही कन्या को यह जान लेना श्रेयस्कर होगा कि वह किस पुरुष से प्रेम करे। इसलिए ही बालिका-ब्याह आवश्यक है।'

***

मेरी अपनी विवेचना के अनुसार, इन व्यवस्थाओं को चलन में आने के कारण मान्यता मिली। अठारहवीं सदी के 'व्यक्तिवाद' के उद्‌भव का तनिक भी ज्ञान रखनेवाला कोई भी व्यक्ति मेरे इस निरूपण की सराहना करेगा। सभी कालों में आंदोलन आवश्यक माना गया है। इसे उचित ठहराने और नैतिक समर्थन देने के

लिए दर्शनशास्त्री कालांतर में जनमे हैं। इन रीति-रिवाजों की इतनी अधिक प्रशंसा इस तथ्य को प्रमाणित करती है कि इन्हें अपने गुण-वर्णन और प्रचार की आवश्यकता थी। इस प्रश्न के संबंध में कि ये रीति-रिवाज क्यों पैदा हुए, मैं निवेदन करना चाहता हूँ कि 'जाति' के ढाँचे की संरचना और जनसाधारण में इसे लोकप्रिय बनाने के लिए 'इनकी' आवश्यकता पड़ी, ठीक उसी तरह जैसे कड़वी गोली पर मीठा मुलम्मा चढ़ाना। हम यह कह सकते हैं कि रीतियाँ सामान्य जन के नैतिक आचरण के लिए इतनी घिनौनी और उद्वेगकारी रही होंगी कि उन्हें अधिक रोचक बनाने की आवश्यकता पड़ी। इन रीतियों का स्वरूप यद्यपि 'साधन' का है, तथापि इन्हें 'आदर्श' के रूप में प्रदर्शित किया गया है। इतने पर भी ये हमें इनसे ज्ञान होनेवाले निष्कर्ष—परिणामों को समझने से भ्रमित नहीं कर सकते। कोई भी व्यक्ति सुरक्षापूर्वक कह सकता है कि 'साधनों' का आदर्शीकरण अनिवार्य है और विशेषकर ऐसे मामलों में, जहाँ रीति-रिवाजों को स्थायित्व प्रदान करना ध्येय हो। साधन को परिणाम कहने से, इसके मूल चरित्र पर आवरण पड़ने के अतिरिक्त, कोई हानि नहीं होती। साथ ही इन्हें इसके मौलिक स्वरूप 'साधन' से वंचित नहीं किया जा सकता। जिस प्रकार आप बिल्लियों को कुत्तों की संज्ञा देने का कानून पास कर सकते हैं, ठीक उसी प्रकार 'साधन' को 'परिणाम' भी कह सकते हैं। लेकिन इससे आप साधन की प्रकृति नहीं बदल सकते हैं। परिणामस्वरूप मैं यह मत स्थापित करने में न्यायसंगत हूँ कि साधन कहें या परिणाम—सती प्रथा, अनिवार्य वैधव्य और बालिका विवाह के पीछे 'जाति' में अवशिष्ट स्त्री और पुरुष की समस्या का समाधान और सगोत्रीयता बनाए रखना अभीष्ट रहा है। इन रीतियों के बिना 'सगोत्र विवाह नीति' की रक्षा नहीं की जा सकती और 'सगोत्र विवाह नीति' के अभाव में 'जाति' एक बेईमानी है।

***

भारत में जातिवाद की यांत्रिक रचना और असुरक्षा की विवेचना के उपरांत इसके जन्म के विषय में प्रश्न उठना स्वाभाविक है। मूल कारण का प्रश्न सर्वथा कष्टकर प्रश्न है और 'जाति' के उद्‌गम की गवेषणा में संभवत: इसलिए ही इसकी पूर्ण उपेक्षा की गई है। कुछ ने इसकी ओर से आना-कानी की है और कुछ ने इसे धोखे में डाल दिया है। कुछ तो इस प्रश्न से ही हैरान हैं कि जाति के उद्‌भव का कोई मूल कारण हो सकता है। ऐसे लोगों का प्रस्ताव है कि यदि हम जाति के 'उद्‌गम' या 'उद्‌भव' शब्द के प्रति अपना अनुराग संवरित नहीं कर पाते तो हमें

इसके बहुवचन अर्थात् 'भारत में जाति प्रणाली की मौलिकताओं का प्रयोग करना श्रेयस्कर होगा।' जातिवाद के उद्गम के प्रश्न से मैं हैरान-परेशान नहीं हूँ, क्योंकि मैं 'सगोत्र विवाह नीति' को 'जाति' का विशिष्ट गुण स्थापित कर चुका हूँ।

***

व्यक्तियों से समाज बनता है, कहना अधमता है। समाज-निर्माण तो सदैव वर्गों (जातियों) से होता है। वर्ग-संघर्ष के सिद्धांत को स्वीकारना एक अतिशयोक्ति हो सकती है, परंतु समाज में अनेक वर्गों का अस्तित्व एक वास्तविकता है। उनका आधार भिन्न हो सकता है। वे आर्थिक, बौद्धिक अथवा सामाजिक हो सकते हैं; परंतु समाज में हर व्यक्ति एक वर्ग का सदस्य होता है। यह एक पूर्ण तथ्य है और प्रारंभिक हिंदू समाज इस नियम का अपवाद नहीं रहा होगा। यह वास्तव में हम जानते हैं, अपवाद था भी नहीं। इस सामान्यीकरण को ध्यान में रखने से हमें 'जातिवाद' के उद्गम के अध्ययन में सुविधा होगी, क्योंकि हमें यह निर्णीत करना है कि वह वर्ग क्या था, जो सर्वप्रथम 'जाति' में परिणत हुआ। वर्ग या जाति, जो भी कहा जाए, निकट के पड़ोसी हैं और दोनों में बित्ता भर अंतर है, जो उन्हें अलग करता है। 'जाति' स्वयं में परिवेष्ठित एक वर्ग (श्रेणी) है।

***

जाति की उत्पत्ति के अध्ययन से 'वर्ग क्या है, जिसने अपने चारों ओर घेरा बनाया' प्रश्न का उत्तर प्राप्त होगा। यह प्रश्न अधिक गवेषणा का होने की वजह से प्रासंगिक है। इसका उत्तर समस्त भारत में जातियों की उत्पत्ति और विकास के रहस्य को उजागर करने में उपयोगी होगा। दुर्भाग्य से, इस प्रश्न का सीधा उत्तर मेरे पास नहीं। मैं इसका उत्तर टेढ़े ढंग से ही दे सकता हूँ। मैंने कहा है कि विचाराधीन रीतियाँ हिंदू समाज में प्रचलित थीं। तथ्यों की सच्चाई के लिए कथन को नियमानुकूल बनाना है, क्योंकि रीतियों का चलन सार्वभौमिकता को सूचित करता है।

***

भारत की अ-ब्राह्मण जनसंख्या में जाति-संस्था का प्रसार कैसे हुआ? संपूर्ण भारत में जातिवाद के फैलाव के प्रश्न को, जातिवाद की उत्पत्ति की अपेक्षा, अधिक दुर्भाग्य का सामना करना पड़ा है। इसका कारण, मुझे लगता है प्रसार और उत्पत्ति के प्रश्नों को अलग-अलग न करना है। इसका कारण विद्वानों का यह सामान्य विश्वास है कि या तो किसी विधि-दाता ने अपने अधीनस्थ जनसंख्या पर जाति-प्रथा को 'पवित्र व्यवस्था' के रूप में लागू किया है अथवा यह प्रणाली

भारतीयों के लिए अनभिज्ञ किसी सामाजिक नियम से उभरी है।

***

प्रत्येक देश का एक विधि-दाता है, जिसका आविर्भाव आपातकाल में एक अवतार के रूप में पापाचारी मानवता का उद्धार करने, न्याय तथा नैतिकता प्रदान करने के निमित्त हुआ है।

***

पाश्चात्य शोधकारों ने कुछ दूसरे प्रकार की व्याख्याएँ प्रस्तुत करने का प्रयत्न किया है। उनके अनुसार, भारत में नाना जातियों की उत्पत्ति का कारण मुख्य मुद्दे हैं—(1) व्यवसाय (2) जातीय संगठनों का अतिजीवन आदि (3) नए विश्व की उत्पत्ति (4) वर्ण संकर संतति तथा (5) देशांतर गमन। यहाँ यह प्रश्न उठाया जा सकता है कि क्या ये मुद्दे दूसरे समाजों में भी हैं अथवा भारतवर्ष के लिए ही विशिष्ट हैं? यदि ये भारत के लिए विशेष नहीं और संसार के लिए सामान्य हैं, तब इन मुद्दों ने इस ग्रह के अन्य भागों में जाति-रचना क्यों नहीं की? इसका कारण क्या है? क्या इसकी वजह उन भागों का वेद-भूमि भारत से अधिक पावन होना है? या शोधवेत्ता ही भूल कर बैठे हैं? मुझे विश्वास है, अंतिम बात सच है।

***

नेस्फील्ड महाशय कहते हैं—'व्यवसाय और मात्र व्यवसाय ही वह आधार था, जिस पर भारत की समूची जाति प्रणाली का निर्माण हुआ।' उन्हें यह स्मरण कराया जा सकता है कि उनका यह कथन कि भारत में जातिवाद व्यावसायिक है, हमारी खोज को आगे बढ़ाने में सहायक नहीं। यह एक ओछा आविष्कार है। अभी तो नेस्फील्ड महाशय से हमें यह जानना है कि एक व्यावसायिक समुदाय जाति कैसे बन गया।

***

विचार के आरंभ में हमें यह याद रखना आवश्यक है कि अन्य समाजों की भाँति ही हिंदू समाज वर्गों में निर्मित था, जिसका प्राचीन स्वरूप चार वर्ग हैं—(1) ब्राह्मण या पुरोहित वर्ग (2) क्षत्रिय या सैनिक वर्ग (3) वैश्य या व्यापारी वर्ग और (4) शूद्र या शिल्पकार एवं नौकर वर्ग। यहाँ इस तथ्य की ओर विशेष ध्यान देना होगा कि यह एक ऐसी वर्ग व्यवस्था थी, जिसमें लोग वांछित योग्यता प्राप्त कर वर्ग बदल सकते थे और इसी वजह से वर्गों ने अपने सामाजिक कार्यकर्ता बदले। हिंदुओं के इतिहास-क्रम में किसी समय पुरोहित वर्ग स्वयं को शेष जनता से सामाजिक तौर पर अलग होकर 'बंद कपाट की नीति' से एक जाति बन बैठा। इसी तरह श्रम के

सामाजिक बँटवारे के नियम के आधार पर अन्य वर्ग भी कुछ बहुत बड़े और कुछ बहुत छोटे समुदायों में बँट गए। अविकसित प्राणी वर्ग—वैश्य और शूद्र—आज की अनेक जातियों की उत्पत्ति के स्रोत बने। सैनिक व्यवसाय का उप-विभाजन न हो पाने पर क्षत्रिय सैनिक और प्रशासनिक वर्ग में ही विभाजित हो पाए।

***

समाज का उप-विभाजन स्वाभाविक है; किंतु इस उप-विभाजन की अस्वाभाविक बात यह रही कि वर्ग प्रणाली अपना 'खुले द्वार' का चरित्र खोकर स्वत: में परिवेष्ठित इकाइयाँ—जिन्हें 'जाति' कहा जाता है, बन गईं। यहाँ प्रश्न उठता है—क्या उन्हें किसी ने द्वार बंद करने के लिए मजबूर किया था, जिसके फलस्वरूप वे सगोत्रीय विवाह-पद्धतिवाली जातियाँ बनीं अथवा उन्होंने अपने द्वार दूसरों के लिए खुद ही बंद कर दिए? इस प्रश्न का उत्तर दो प्रकार से है—कुछ ने अपने द्वार दूसरों के लिए बंद कर दिए और कुछ ने अपने लिए द्वार बंद पाए। इनमें एक व्याख्या मनोवैज्ञानिक और दूसरी यांत्रिक होने पर भी एक-दूसरे की पूरक हैं। साथ ही जाति प्रथा की समग्र व्याख्या के निमित्त दोनों ही आवश्यक भी।

***

व्यावसायिक, धार्मिक और अन्य उप-विभाग या वर्ग स्वयं परिवेष्ठित या सगोत्र विवाह-पद्धति की इकाइयाँ क्यों बन गए? मेरा उत्तर है—ब्राह्मण ऐसे थे। सगोत्रीय विवाह पद्धति या 'बंद कपाट की प्रथा' हिंदू समाज की एक रीति थी। ब्राह्मण (पुरोहित) वर्ग में इसका उद्‌भव होने के कारण सभी अब्राह्मण वर्गों ने खुले दिल से इसका अनुकरण किया। फल यह हुआ कि वे बारी-बारी से सगोत्रीय विवाह-पद्धतिवाली जातियाँ बनते गए। यह 'अनुक्रमण का संक्रमण' है, जिसमें सभी उप-विभागों की पृथकता की गति को प्रभावित कर जातियों में बदल दिया। अनुकरण की प्रवृत्ति की मानव मस्तिष्क में गहरी पैठ है, अत: भारत की विभिन्न जातियों की रचना के लिए इसे अपर्याप्त न समझा जाए। यह पैठ इतनी गहरी है कि वाप्टर बॉगहॉट लिखते हैं—'हमें अनुकरण को स्वैच्छिक अथवा अभिन्न नहीं समझना चाहिए। इसके विपरीत, इसकी पैठ मुख्यत: मस्तिष्क के दुर्बोध अंगों में होती है। कल्पनाओं के स्वत: उत्पन्न होने या इनके पहले ही ध्यान में आ जाने पर भी इसके भावों का अस्तित्व उस समय मालूम नहीं हो पाता। हमारी प्रवृत्ति में अनुकरण भाव की पैठ हमारा विश्वास है। इस पर विश्वास जमाने या उससे विश्वास हटाने के कारण स्रोत हमारी प्रवृत्ति में अदृश्य रूप में विद्यमान रहते हैं। जहाँ तक सहज विश्वास के अनुकरण

का प्रश्न है, इसमें किंचित्मात्र भी संदेह नहीं।'

***

गैशियल टार्डे ने नकल की प्रवृत्ति को अपने वैज्ञानिक अध्ययन का विषय बनाया और अनुकरण के तीन नियम प्रतिपादित किए। इनमें से एक नियम के अनुसार अनुकरण ऊपर से नीचे की ओर होता है। उनके अपने शब्दों में, 'कुलीनता सर्वदा और सर्वत्र, अवसर दिए जाने पर, अपने नायकों, राजाओं और महाराजाओं का अनुकरण करती है।' टार्डे महाशय के दूसरे नियम के अनुसार, उन्हीं के शब्दों में, प्राय: समीप की चीजों से अधिक उत्तम चीजों का अनुकरण किया जाता है। वस्तुत: आदर्श के उदाहरण का प्रभाव अपनी श्रेष्ठता तथा दूरी से विपरीत दिशा में समर्थ होता है। दूरी को यहाँ सामाजिक अर्थ में प्रयुक्त किया गया है। एक अजनबी व्यक्ति कितना ही दूर क्यों न हो, वह दृष्टि-बिंदु के समीप होता है, यदि हम नित्य उसके साथ संबंध स्थापित करते हैं तथा उसके अनुकरण में हमारी अपनी इच्छाओं की पूर्ति की हर सुविधा सुलभ है। कम-से-कम दूरी के और समीप के अनुकरण का यह नियम समाज के उच्चतर श्रेणी के विद्वानों द्वारा तय उदाहरण के धीमे किंतु उत्तरोत्तर प्रसार-चरित्र की व्याख्या करता है।

***

सर्वोत्तम ढंग मुझे यह लगता है कि हम यह पता लगाएँ कि अनुकरण के माध्यम से जाति रचना के आवश्यक गुण हिंदू समाज में हैं या नहीं। प्रामाणिक आधार पर अनुकरण की अवस्थाएँ हैं—(1) अनुकरण का स्रोत समुदाय में गौरव का विषय माना जाए तथा (2) समुदाय के सदस्य एतदर्थ प्राय: और दैनिक संबंध संपर्क करें। इसमें रंच मात्र भी संदेह नहीं कि ऐसी अवस्थाएँ भारत में थीं।

***

जातिवाद की रचना में अनुकरण के खेल-प्रदर्शन का दूसरा ढंग उन रीति-रिवाजों के प्रति अब्राह्मण वर्गों की मनोवृत्ति को समझना है, जिन्होंने जननोन्मुख दिनों में जाति प्रणाली के ढाँचे का तब तक समर्थन किया, जब तक कि इतिहास क्रम में यह हिंदू मस्तिष्क में गढ़ नहीं गया और बिना किसी आश्रय के आज तक वहाँ लटकता है। किसी पोखरे की सतह पर तैरती घास की तरह उसे कोई सहारा नहीं, विश्वास चाहिए। इन रीतियों का चलन दूरी के साथ बदलता रहता है और जातियों को अलग-अलग दरशाता है। ब्राह्मणों की निकटतम जातियों ने इन तीनों रीतियों का अनुकरण किया है और ये इनके दृढ़तापूर्ण पालन पर बल देती हैं। कुछ कम निकट की जातियों ने अनिवार्य वैधव्य और बालिका विवाह का केवल बालिका

विवाह में और अधिक दूरी की जातियों ने जातिवाद के सिद्धांत में विश्वास का अनुकरण किया। यह अपूर्ण अनुकरण—टार्डे महाशय के शब्दों में—कुछ अंशों में दूरी और कुछ अंशों में इन रीतियों का निर्दय चरित्र है। यह घटना टार्डे महाशय के नियम का पूर्ण दृष्टांत चित्र है। अत: इसमें संदेह नहीं कि भारत में जातियों की समग्र प्रक्रिया निम्नतर लोगों द्वारा उच्च वर्गीय व्यक्तियों के अनुकरण का प्रतिफल है।

***

अब हमको यह देखना है कि 'बंद द्वार की नीति' के फलस्वरूप अन्य लोगों को (द्वार के) बाहर कैसे कर दिया गया। मैं इसे जाति-रचना की यांत्रिक क्रिया कहता हूँ। यह आवश्यक है, अत: यांत्रिक है, निरूपण की इस मनोवैज्ञानिक दिशा ने पूर्ववर्ती शोधकारों को जाति को वर्ग-व्यवस्था के अंतर्गत एक युक्ति न मानकर 'स्वत: में एक इकाई' मानने की भूल करने के लिए भ्रमित कर दिया है। भूल और अदूरदर्शिता विषय की विवेचना और यथार्थ व्याख्या में हानिकारक सिद्ध हुई है।

***

आप इस तथ्य को अवश्य याद रखें कि 'जाति' एकवचन में वास्तविकता नहीं है। जातियों का अस्तित्व तो बहुवचन में है। 'जाति' नाम की कोई वस्तु नहीं, सदैव 'जातियाँ' रही हैं।

***

जातिवाद की व्यवहार संबंधी धार्मिक और सामाजिक संहिता के विपरीत कोई भी नवीन पद्धति जाति द्वारा सहन नहीं की जाती, क्योंकि इससे जाति-च्युत किए बिना तथा दूसरी जातियों में समाविष्ट होने के विकल्प के अभाव में अड़ियल सदस्यों को उनके अपने भाग्य पर छोड़ दिए जाने का भय रहता है। जाति के नियम दृढ़ होते हैं। वे अपराध की किस्मों में भेद की प्रतीक्षा भी नहीं करते। नवीन पद्धति कैसी ही क्यों न हो, सबको समान दंड भुगतना पड़ेगा। विचार की उत्तर दिशा एक नई जाति को जन्म देगी, क्योंकि पुरातनपंथी इसे सहन नहीं कर सकेंगे। हानिकारक विचारक का भाग्य-निर्णय अवैध प्रेम के दोषी व्यक्ति की तरह किया जाता है। पूर्ववर्ती वर्ग धार्मिक वृत्ति की जाति को और उत्तरवर्ती मिश्रित जाति को जन्म देता है। आचार-संहिता का उल्लंघन करनेवाले दोषी दु:साहसी व्यक्तियों के लिए जातियों में दया-भाव नहीं होता। एकमात्र दंड दोषी व्यक्तियों को जाति-च्युत करता है और उसका परिणाम है एक नई जाति का उदय।

□

विविध चिंतन

भारत की आजादी की इस जद्दोजहद में यदि स्वतंत्रता का कोई हेतु बनता है तो वह अछूतों का हेतु है।

~***~

व्यक्तिगत स्तर पर मैं स्पष्ट रूप से कहना चाहता हूँ कि मेरे लिए इस देश में किसी खास संस्कृति के लिए कोई स्थान नहीं है, फिर चाहे वह संस्कृति हिंदू संस्कृति हो, मुसलिम संस्कृति हो, कर्नाटक की संस्कृति हो या गुजरात की संस्कृति हो। वे संस्कृतियाँ अस्तित्व में हैं, इसे नकारा नहीं जा सकता। हमारा सामान्य लक्ष्य इस भावना को जन्म देने में है कि हम सब भारतीय हैं। मैं उन लोगों की तरह नहीं सोचता, जो कहते हैं कि हम भारतीय पहले हैं और बाद में हिंदू हैं, या हम भारतीय पहले हैं और बाद में मुसलमान हैं। मैं इससे संतुष्ट नहीं हूँ, मैं साफ-साफ कहना चाहता हूँ कि मेरी इससे कतई संतुष्टि नहीं होती। मैं बिलकुल नहीं चाहता कि भारतीय होने की हमारी वफादारी किसी भी दूसरी प्रतियोगी-वफादारी से तनिक भी प्रभावित हो, चाहे वह प्रतियोगी-वफादारी धर्म से उत्पन्न होती हो, संस्कृति से उत्पन्न होती हो या भाषा से उत्पन्न होती हो। मैं सारे लोगों से चाहता हूँ कि वे भारतीय पहले हों और बाद में भी भारतीय हों और भारतीय के सिवा कुछ न हों।

~***~

किसी सिद्धांत की असली परख इस बात से की जाती है कि वह बुरी से भी बुरी स्थिति में कितना टिक पाता है।

~***~

समाज को तीन कालों में से एक का चुनाव करना ही पड़ेगा। समाज चाहे तो

अपने 'अनुशासन' के लिए धर्म का चुनाव नहीं कर सकता। यदि धर्म 'अनुशासन' नहीं करता तो वह 'धर्म' ही नहीं है। इसका मतलब है कि समाज 'अराजकता' के पथ पर आगे बढ़ना ठीक समझता है। तीसरे, समाज 'धर्म' और 'मजिस्ट्रेट' दोनों का चुनाव कर सकता है। जितने अंश में समाज 'धर्म' का पालन करे उतने अंश में 'धर्म' और जहाँ 'धर्म' का पालन न करे, वहाँ 'मजिस्ट्रेट'। न अराजकता में स्वतंत्रता है और न डिक्टेटर राज्य में स्वतंत्रता है। केवल तीसरी व्यवस्था में ही स्वतंत्रता जीवित रहती है।

***

राजनीतिक और धार्मिक होने से ज्यादा मनुष्य एक सामाजिक पशु है। उसे धर्म की आवश्यकता नहीं भी रह सकती, ऐसे ही उसे राजनीति की जरूरत नहीं भी पड़ सकती। लेकिन उसे समाज की आवश्यकता होती ही है। वह बिना समाज के नहीं रह सकता।

***

समाज मनुष्य की सारी संस्थाओं में सबसे शक्तिशाली संस्था है। समाज सरकार से भी अधिक ताकतवर होता है। समाज की यह ताकत मनुष्य के भले के लिए और उसके बुरे के लिए भी लगाई जा सकती है। ज्यादातर लोग यह महसूस नहीं करते कि एक व्यक्ति के खिलाफ समाज सरकार की तुलना में ज्यादा कठोर और निर्दय हो सकता है। मनुष्य के उत्पीड़न के लिए समाज के पास जो साधन हैं, वे सरकार के साधनों से कहीं अधिक ज्यादा हैं और वे ज्यादा प्रभावी भी हैं। दंड संहिता में ऐसा कौन सा दंड है, जो परिमाण और कठोरता में सामाजिक बहिष्कार के सामने ठहर सकता है। हिंदू समाज का अछूत वर्ग इसी सामाजिक मार का मारा हुआ वर्ग है। एक तरफ अछूत को समाज में अपने जीवन-यापन की जिम्मेदारी खुद निभानी पड़ती है और दूसरी तरफ उसके जीवन-यापन के सारे साधन बंद कर दिए जाते हैं। इससे अछूत वर्ग के लोग समाज-व्यवस्था का एक लाभ भी प्राप्त नहीं कर सकते और उन्हें खुली समाज-व्यवस्था के सारे नुकसान उठाने पड़ते हैं।

***

कहीं भी मानव समाज एक अकेली पूर्णता नहीं है। यह हमेशा बहुवाची होता है। कार्यकलापों के संसार में एक छोर पर व्यक्ति पड़ता है और दूसरे छोर पर समाज इन दोनों के बीच में परिवार, मित्रता, सहकारी संस्था, व्यापारिक समूह, राजनीतिक दल तथा चोरों और लुटेरों के गुट आदि पड़ते हैं। ये छोटे समूह प्रायः आपस में गुँथे हुए और जुड़े हुए रहते हैं तथा कभी भी एक-दूसरे के प्रति इतने

निषेधात्मक हो जाते हैं जितनी कि जातियाँ।

***

वर्ग व्यवस्था में समूह मात्र समाज-रहित होते हैं, लेकिन जाति व्यवस्था में जातियाँ निश्चित रूप से समाज विरोधी होती हैं।

***

जाति-प्रथा वर्ण व्यवस्था के ठीक उलटी दिशा में चलती है। जाति-प्रथा ने वर्ण व्यवस्था को पूरी तरह उलट-पलट दिया है। वर्ण व्यवस्था जाति-प्रथा के मुकाबले में वर्ग व्यवस्था ज्यादा है। वर्ण व्यवस्था के ब्राह्मण, क्षत्रिय, वैश्य और शूद्र को पुनः दो भागों में बाँटा गया है। इनमें ब्राह्मण, क्षत्रिय और वैश्य को द्विज समाज और शूद्र को अद्विज समाज में रखा जाता है।

***

'कम्युनिटी' शब्द व्युत्पत्तिशास्त्र की दृष्टि से मूलतः धार्मिक कम्युनिटी के रूप में इस्तेमाल किया गया है। इसकी निष्पत्ति 'कम्युनियन' से निकलती है। 'कम्युनियन' एक धार्मिक शब्द है। यदि किसी व्यक्ति का धर्माधिकारी द्वारा धर्म-निकाला कर दिया जाता है तो वह उस समुदाय का सदस्य नहीं रह जाता। यह इस शब्द का मूल अर्थ है।

***

मनुष्य समुदायों में इसलिए रहते हैं, क्योंकि उनकी कुछ बातें आपस में एक समान होती हैं। जो उनमें एक समान बातें होती हैं वे उनके उद्देश्य, विश्वास, आकांक्षाओं, जानकारियों और समान समझदारी की है। समाज-शास्त्रियों की भाषा में वे समान मस्तिष्क के लोग होने चाहिए।

***

यह साफ है कि भारत जैसे देश को जहाँ समाज पूर्णतया सांप्रदायिक रूप से संगठित हुआ खड़ा है, प्रशासनिक उद्देश्यों के लिए चाहे किन्हीं भी क्षेत्रों में विभाजित किया जाए, यह जरूर होगा कि हर क्षेत्र में कोई एक समुदाय बहुसंख्यक समुदाय में हो जाएगा। मैं जानता हूँ कि इस देश में जब अल्पसंख्यक समुदाय से संबंधित व्यक्ति अपने समुदाय के हितों की रक्षा के लिए लड़ने को खड़ा होता है तो बहुसंख्यक समुदाय की तमाम भीड़ उसके विरोध में खड़ी हो जाती है, उसे सांप्रदायिक और भारत-विरोधी होने का खिताब देती है, तथा उसे इस देश को नष्ट करने के लिए ब्यूरोक्रेट के हाथ का खिलौना मानती है।

***

मानव इतिहास के संक्रांति कालों में नए रास्ते खोजे जाया करते हैं। यदि ऐसे समय नए रास्ते नहीं मिलते तो समाज पतन की ओर चला जाता है। तब समय खुद अपने नए रास्ते ढूँढ़ लिया करता है। लेकिन समय के लिए ऐसा नहीं है कि वह ठीक रास्ता ही चुनेगा। ठीक रास्ता चुनने का काम मनुष्य का है। इसलिए मनुष्य इतिहास के बनाने में एक महत्त्वपूर्ण घटक है और यदि बाहरी ताकतें, चाहे वे निर्वैयक्तिक हों या सामाजिक, पहली घटक हैं तो वे उसकी बाद की घटक निश्चित रूप से नहीं हैं।

***

चाहे हम इस बात को मानें या न मानें, परंतु इस देश की राजनीति-व्यवस्था चातुर्वर्ण्य का प्रतिबिंब है। शूद्र इस देश के शासन में कोई हिस्सेदारी नहीं रख रहे हैं। वर्ण व्यवस्था में अस्पृश्य लोग सामाजिक रूप से शूद्र या अति शूद्र थे, लेकिन वर्तमान में उन्हें राजनीतिक रूप से भी शूद्र बनाया जा रहा है। वर्ण व्यवस्था के शूद्रों पर शासक वर्ग के सामाजिक, आर्थिक और धार्मिक प्रभुत्व में राजनीतिक प्रभुत्व भी जोड़ा जा रहा है।

***

मैं यह नहीं भूल सकता कि कुछ भारतीय लोग सांप्रदायिक दिमाग के लोग हैं। हम यह आशा जरूर कर सकते हैं कि एक ऐसा समय आएगा, जब भारत के लोग अपने प्रशासनिक मामलों के हल में सांप्रदायिक दृष्टिकोण से देखना छोड़ देंगे; लेकिन वह एक आशा हो और सच्चाई नहीं। इसके विपरीत, सच्चाई यह है कि यदि भारतीय लोगों को कानून के प्रशासन में स्वविवेक का अधिकार दिया जाता है तो वे वर्ग और वर्ग में, समुदाय और समुदाय में भेद जरूर करेंगे।

***

एक मुसलमान मजदूर यह सोचता है कि पूँजीपतियों से मजदूरों की लड़ाई में उसे एक मुसलमान मिल मालिक के विरोध में जाना पड़ जाएगा। वह इस बात का अच्छा जानकार है कि एक अमीर मुसलमान, एक मुसलमान भू-स्वामी और एक मुसलमान मिल मालिक को कोई नुकसान अंत में मुसलमान समाज का नुकसान होगा।

***

यह सोचना मुश्किल है कि भारत जैसे देश में, जहाँ ज्यादातर लोग सांप्रदायिक दृष्टि के हैं, सत्ता प्राप्त करके अधिकारी लोग उन समुदायों के साथ समानता का बरताव करेंगे, जो उनके समुदाय के नहीं हैं। इसी कारण भारत के प्रशासन में

अछूतों के साथ अधिकारियों द्वारा असमान व्यवहार उनका भाग्य है। विशेषकर सांप्रदायिक दंगों के समय अधिकारियों का यह सांप्रदायिक चरित्र और भी प्रकट हो जाता है।

***

मुझे ऐसा लगता है कि जब किसी शहर में सांप्रदायिक दंगे भड़कते हैं तो अल्पसंख्यक समुदाय के लिए यह जानना एक बड़ा रक्षा-कवच सिद्ध होता है कि किस समुदाय का कौन सा अफसर उनकी बस्ती में कानून और व्यवस्था को चला रहा है। हम सभी जानते हैं कि विभिन्न समुदायों के लोगों द्वारा पुलिस अधिकारियों पर पक्षपातपूर्ण रवैया अपनाने का आरोप लगाया जाता है कि वे इस या उस समुदाय का पक्ष लेते हैं। यह हो सकता है कि ऐसे आरोपों के लिए पर्याप्त कारण न हों, लेकिन ऐसे अनेक मामले होते हैं, जिनमें कानून और व्यवस्था को लागू करनेवाले अधिकारियों की पक्षधरता सिद्ध होती है।

***

जब इस देश के लोगों के दिलों में सांप्रदायिकता इतनी गहरी उतरी हुई है तो इसे समाप्त न कर सकने की स्थिति में इसे समाज-दार्शनिकों द्वारा ईमानदारी से स्वीकार कर लिया जाना चाहिए। फिर इस भावना को बहुसंख्यक समुदाय में और अल्पसंख्यक समुदाय में बाँटकर अलग-अलग नाम देना उपयुक्त नहीं है। यह बात ठीक नहीं है कि यदि बहुसंख्यक समुदाय अपनी मरजी से अल्पसंख्यक समुदाय पर अपने दिव्य अधिकार का प्रयोग करता है तो इसे राष्ट्रवाद कहा जाए और यदि अल्पसंख्यक समुदाय शासन व सत्ता में अपनी थोड़ी भागीदारी चाहे तो उसे सांप्रदायिकता का बुरा नाम दिया जाए। बहुसंख्यक समुदाय द्वारा सत्ता पर एकाधिकार रखने की सांप्रदायिक चेष्टा को राष्ट्रवाद के अच्छे शब्द से सुशोभित नहीं किया जा सकता।

***

मैं इस सदन के सम्मुख यह कहना चाहता हूँ कि हिंदू और मुसलमान, ऐसे होते हुए जैसे कि वे हैं, क्या यह बात ईमानदारी से कह सकते हैं कि वे एक-दूसरे के प्रति सांप्रदायिक नहीं हैं? इस सदन का एक भी सदस्य यह कहने का साहस नहीं जुटा पाएगा कि वह अपने दृष्टिकोण में गैर-सांप्रदायिक भावना का है।

***

मेरे कथन का विरोध करने से कोई लाभ नहीं है। सच यह है कि हर हिंदू और हर मुसलमान एक जाति या समुदाय में जन्म लेता है। हम सब एक सांप्रदायिक

माहौल में पलते और बड़े होते हैं। हम अपने-अपने समुदायों की इच्छाओं और चाहतों के भागीदार होते हैं। हम उन समुदायों की मुश्किलों और कमजोरियों को समझते व महसूस करते हैं। इसलिए मेरे मस्तिष्क में इस बात के लिए कोई संदेह नहीं है कि इस सदन का हर सदस्य—भीतर भी और बाहर भी—हर सवाल को, जाने में या अनजाने में, सांप्रदायिक रंग से देखता और सोचता है।

***

सांप्रदायिक प्रतिनिधित्व कोई बुरी चीज नहीं है। यह कोई जहर नहीं है, बल्कि देश के विभिन्न वर्गों की सुरक्षा और महफूजी के लिए सर्वोत्तम व्यवस्था है।

***

मैं पूरी तरह आश्वस्त हूँ कि संप्रदायवाद मेरी नीति होनी चाहिए। मैं इसके लिए तनिक भी शर्मिंदा नहीं हूँ।

***

मैं यह कहना चाहूँगा कि मेरे मत में भारत देश बिना संप्रदायवाद के अपना राजनीतिक विकास नहीं कर सकेगा। भारत के लिए बिना संप्रदायवाद में कोई स्वशासन नहीं हो सकता।

***

जाति ने जन-चेतना को मार दिया है। जाति ने जन-कल्याण को पूरी तरह नष्ट कर दिया है। जाति ने जन-जागरण को असंभव बना दिया है। एक वर्ग के लिए उसकी जनता उसकी अपनी जाति है। उसकी जिम्मेदारी केवल अपनी जाति के लिए है। उसकी वफादारी उसकी अपनी जाति तक सीमित है। उसके गुण जातीय गुण हो गए हैं। उसके शील उसके जातीय शील बनकर रह गए हैं। उसमें जरूरतमंदों के लिए कोई सहानुभूति नहीं है। जाति में योग्यता और गुण के लिए कोई स्थान नहीं है। गरीबों के लिए सहायता की भावना नहीं है। जाति में किसी के दु:खों की कोई चिंता नहीं है। यदि दान व सहायता की भावना है तो वह जाति से शुरू होती है और जाति में ही समाप्त हो जाती है।

***

अपनी जाति से बाहर के लोगों में खूबियाँ देखना और मानना सबकी क्षमता में नहीं है। गुणों की प्रशंसा की जा सकती है, परंतु वह व्यक्ति अपना जाति-भाई होना चाहिए। सारी नैतिकता एक आदिम नैतिकता के समान है कि मेरा जाति-भाई हो, चाहे वह सही हो या गलत; मेरा जाति भाई हो, चाहे वह अच्छा हो या बुरा।

हिंदू समाज में जाति-प्रथा के कारण इसका राजनीतिक ढाँचा भी इसके सामाजिक ढाँचे के अनुरूप अलग होना चाहिए।

***

कुछ लोग हैं, जो यह तर्क पेश करते हैं कि हिंदू समाज से जाति-प्रथा को मिटाया जा सकता है; लेकिन मैं उनकी इस बात को स्वीकार नहीं करता। जो ऐसे विचार सामने रखते हैं, वे शायद यह सोचते हैं कि जाति-प्रथा एक क्लब, नगरपालिका या देशीय परिषद् की तरह की कोई संस्था है। यह उनकी भारी गलती है। जाति-प्रथा धर्म का मामला है और धर्म किसी भी संस्था से बड़ी चीज होती है। यह संस्थागत मामला हो सकता है, लेकिन यह स्वयं वह नहीं है जिस संस्था से यह जुड़ा हुआ है। धर्म एक प्रभाव और शक्ति है, जो हर व्यक्ति के चरित्र को मोड़ती है, उसकी क्रियाओं और अतिक्रियाओं, चाहतों और गैर-चाहतों को निश्चित करती है।

***

अस्पृश्यों के जन्म और उनके पेशों का ब्योरा इस प्रकार है—

(1) ब्राह्मण, क्षत्रिय, वैश्य और शूद्र : इन चार वर्णों से बाहर जितने लोग हैं, वे चाहे म्लेच्छ भाषा बोलते हों या आर्य भाषा, वे सब दस्यु कहलाते हैं।

(2) ये गाँव की सीमा पार के वृक्ष समूहों के नीचे, श्मशानों में, पर्वतों और वनों में अपने अलग-अलग पेशों के अनुसार जीवन-निर्वाह करते हैं।

(3) लेकिन चांडाल और श्वपच, ये दोनों गाँव के बाहर बसें। ये बरतन आदि से वंचित हैं और इनका धन कुत्ते व गधे हैं।

(4) उनके कपड़े मुरदे के हों। वे टूटे-फूटे बरतनों में भोजन करें। उनके आभूषण लोहे के हों और वे सदा घुमक्कड़ जीवन व्यतीत करें।

(5) धर्मात्मा पुरुष इन लोगों के सम्मुख न पड़ें। इनका विवाह इन्हीं में परस्पर होता है और ये आपस में ही संबंध रखें।

(6) इनका भोजन दूसरों के अधीन है। इन्हें फूटे बरतन में अन्न दिया जाना चाहिए और ये लोग रात के समय गाँवों व शहरों में घूमने न आएँ।

(7) ये लोग राजा की आज्ञा से अपनी जाति के चिह्न सहित दिन में अपने कार्य के लिए जाएँ और जिस मृतक का कोई संबंधी न हो उस शव को ले जाएँ, यह शास्त्र का नियम है।

(8) ये लोग राजा की आज्ञा से शास्त्र-विधि के अनुसार वध योग्य पुरुषों का

वध करें और उन्हीं वध्य पुरुषों के वस्त्र, शय्या और आभूषण ग्रहण करें।

(9) जो निम्न जाति की स्त्री के साथ संबंध रखता है, वह वध्य है।

(10) यदि कोई अस्पृश्य जानबूझकर किसी सवर्ण को छूता है तो ऐसा अस्पृश्य वध्य है।

***

अस्पृश्यता आंतरिक तिरुस्कार की बाहरी अभिव्यक्ति है।

***

अस्पृश्यता गुलामी से ज्यादा बुरी है—

(1) गुलामी कभी भी बाध्यकारी नहीं रही, लेकिन अस्पृश्यता हमेशा बाध्यकारी रही है। दासता में एक व्यक्ति दूसरे व्यक्ति को गुलाम बनाकर रखने के लिए प्रस्तुत रहता है। यदि वह ऐसा न करना चाहे तो उस पर कोई पाबंदी नहीं है, लेकिन एक अस्पृश्य के पास कोई विकल्प नहीं है।

(2) गुलामी के कानून ने गुलाम को उसकी मुक्ति की स्वीकृति दी है। ऐसा नियम नहीं था कि कोई एक व्यक्ति यदि एक बार गुलाम हो गया तो सदा गुलाम ही बना रहेगा; लेकिन अस्पृश्यता में इससे कोई बचाव नहीं है। मनुष्य एक बार अछूत है तो सदा के लिए अछूत हो जाता है।

(3) अस्पृश्यता अप्रत्यक्ष है, इसलिए यह गुलामी का सबसे निकृष्ट रूप है। किसी मनुष्य की आजादी का खुला और प्रत्यक्ष हनन गुलामी का चिह्न है। इसमें गुलाम को अपनी गुलामी की याद रहती है और गुलामी के प्रति जागरूक रहना आजादी की लड़ाई में सबसे पहला और महत्त्वपूर्ण कदम है; लेकिन यदि एक व्यक्ति की स्वतंत्रता का हनन अप्रत्यक्ष रूप से किया जाता है तो वह अपनी गुलामी के बारे में जानता नहीं। एक अछूत से यह कहना, "तुम स्वतंत्र हो। तुम एक नागरिक हो। तुम्हारे पास एक नागरिक के सारे अधिकार हैं। और उसके बंधन इस प्रकार कसना कि वह इनमें से किसी एक की भी प्राप्ति न कर सके, एक खतरनाक और निर्दयी धोखा है। यह अछूत को बिना उसकी गुलामी के प्रति जागरूक बनाकर उसकी गुलामी है। यह गुलामी है, यद्यपि यह अस्पृश्यता है। यह वास्तविक है, लेकिन अप्रत्यक्ष है। यह सतत है, क्योंकि यह अचेत है।"

***

यहूदी समाज के दु:ख अपने पैदा किए दु:ख हैं, लेकिन अछूत समाज के सामाजिक दु:ख ऐसे नहीं हैं। यहूदियों ने जन-समुदाय के सदस्य बनने के बजाय अजनबी रहना पसंद किया था।

***

अछूत समाज के अंग नहीं हैं। यदि वे अंग भी हैं तो एक अलग ही अंग हैं और किसी पूर्ण का कोई हिस्सा नहीं हैं।

***

दलित वर्ग अपने में एक पृथक् वर्ग है। वह मुसलमानों से स्पष्ट रूप से भिन्न है और पृथक् है। यद्यपि इस वर्ग के लोगों की गिनती हिंदुओं में की जाती है, तो भी, वे किसी भी तरह हिंदू जाति की कमी को पूरा करनेवाला उस जाति का एक हिस्सा नहीं है। इतना ही नहीं कि उनका पृथक् अस्तित्व है, बल्कि दोस्त लोगों ने उन्हें एक ऐसा दर्जा दिया है, जो भारत में किसी दूसरे जाति-समूह को प्राप्त दर्जे से स्पष्टतया भिन्न और पृथक् है। हिंदुस्तान में ऐसे जन-समूह अथवा ऐसी जातियाँ हैं, जिन्हें सीढ़ी के निचले दर्जे पर, निम्नतर स्तर पर रखा गया है; लेकिन दलित वर्ग को जो दर्जा प्राप्त है, वह इससे सर्वथा भिन्न है। उसका स्थान कुछ-कुछ डाँगर चरानेवाले खेतिहर और गुलाम के बीच का-सा है। उन्हें 'दासों' का दर्जा प्राप्त है, यह भी कहा जा सकता है। भेद इतना है कि 'दास' अस्पृश्य नहीं रहे। यह सारा दलित वर्ग अस्पृश्य है। जो सबसे बुरी बात है वह यह है कि यह जबरदस्ती की गुलामी और उनके 'अछूतपन' से पैदा हुआ सामाजिक पार्थक्य न केवल उन्हें सार्वजनिक जीवन में किसी भी प्रकार का हिस्सा लेने के अयोग्य बनाता है, बल्कि उनके लिए किसी भी ऐसे अवसर की प्राप्ति असंभव बना देता है; उन्हें किसी भी ऐसे नागरिक अधिकारों का अधिकारी नहीं रहने देता है, जिस पर मानव का सारा अस्तित्व ही निर्भर करता है।

***

अंग्रेजों के साथ दलित वर्ग का जो संबंध रहा है, वह कुछ अनोखे किस्म का है। अंग्रेज लोगों ने भी अपने आपको दलित वर्ग के हितों के संरक्षक के रूप में उपस्थित किया। दोनों पक्षों के बीच ऐसा नजदीकी का रिश्ता रहने के बावजूद भारत के अंग्रेजी सरकार के प्रति दलित वर्ग के दृष्टिकोण में यह परिवर्तन असंदिग्ध रूप से एक असाधारण महत्त्वपूर्ण घटना है; किंतु दृष्टिकोण के इस परिवर्तन के जो कारण हैं, वे ऐसे नहीं हैं कि जिनका पता न लगाया जा सके। हमने यह निर्णय इसलिए नहीं ग्रहण किया कि हम बहुसंख्यक लोगों के साथ एक ही नौका में पार

होने या डूब मरने के लिए तैयार हो गए हों। आप जानते हैं कि इन बहुसंख्यक लोगों में और जिस अल्प मत विशेष का मैं यहाँ प्रतिनिधित्व कर रहा हूँ, उनमें जो संबंध है वह बहुत कुछ 'तीन' 'छह' का ही संबंध है। यह निर्णय हमारा अपना स्वतंत्रतापूर्वक किया हुआ निर्णय है। हमने वर्तमान शासन-व्यवस्था को अपनी विशेष परिस्थिति के प्रकाश में समझने का प्रयास किया है और हमें लगा है कि सुशासन के हिसाब से वर्तमान सरकार में अनेक बड़ी-बड़ी अत्यंत महत्त्वपूर्ण कमियाँ हैं। अंग्रेजों के भारत में पदार्पण करने से पूर्व भारतीय समाज में हमारी जो स्थिति व परिस्थिति थी, जब हम उसकी तुलना अपनी वर्तमान स्थिति व परिस्थिति से करते हैं तो हमें लगता है कि हमने कुछ भी प्रगति नहीं की है। हमारी हालत में कुछ भी परिवर्तन नहीं हुआ है। हम बैठे-बैठे किसी अनुकूल समय के आगमन की प्रतीक्षा भर कर रहे हैं।

***

ब्रिटिश लोगों से पूर्व हम 'अछूतपन' की लानत के शिकार थे। क्या ब्रिटिश सरकार ने हमें इससे मुक्त कराने के लिए कुछ भी किया है? अंग्रेजों के भारत आगमन से पूर्व हम मंदिरों में नहीं जा सकते थे। क्या अब जा सकते हैं? अंग्रेजों से पूर्व हमें पुलिस में भरती नहीं किया जाता था। क्या अब भरती किया जाता है? हम इनमें से किसी भी प्रश्न का स्वीकारात्मक उत्तर नहीं दे सकते। हम यह प्रसन्नतापूर्वक स्वीकार करते हैं कि जिन अंग्रेजों ने इतने बड़े सुदीर्घ काल तक हमें अपने अधीन रखा, उन्होंने हमारी कुछ भलाई अवश्य की है। लेकिन यह स्पष्ट है कि हमारी स्थिति में कोई महत्त्वपूर्ण परिवर्तन नहीं आया है। जहाँ तक हमारी बात है, अंग्रेजों ने उस सामाजिक व्यवस्था को, जैसा भी उन्होंने उसे पाया वैसा ही स्वीकार कर लिया और उसे वैसा ही बनाए रखा। उनकी उपमा उस चीनी दर्जी से दी जा सकती है, जब उसे एक पुराना कोट नमूने के लिए दिया गया तो उसने जो नया कोट तैयार किया वह उसकी हू-ब-हू नकल थी, यहाँ तक कि पुराने कोट की ही तरह उसमें भी जगह-जगह पैबंद लगे हुए थे। अंग्रेजों को हम पर शासन करते हुए डेढ़ सौ साल हो गए, लेकिन हमारे साथ जो अन्याय हो रहा था, वह आज भी पूर्ववत् हो रहा है।

***

दलित वर्ग यह स्पष्ट देख रहा है कि भारत की अंग्रेजी सरकार के सम्मुख दो बड़ी बाधाएँ हैं। एक तो स्वाभाविक भीतरी बाधा है, जो शासकों की अपनी स्थिति, प्रवृत्ति और स्वार्थों की सहज संतान है, जो उन्हें हमारे समाज के नवजागरण

की ओर से अंधा बनाए रखती है तथा जो उन्हें हमारी आकांक्षाओं के प्रति सहानुभूति नहीं रखने देती और जो उन्हें हमारी शिक्षा की ओर से सर्वदा उपेक्षित ही नहीं, उसका विरोधी तक बना देती है। इस सरकार के मार्ग में जो दूसरी बाधा है, वह यह है कि इसे बाह्य प्रतिरोध का डर है। भारत की अंग्रेजी सरकार इस बात को समझती है कि उन सामाजिक बुराइयों को, जो भारतीय समाज को भीतर-ही-भीतर घुन की तरह खा रही हैं और जिन्होंने चिरकाल से दलित वर्ग का जीना दूभर बना रखा है, इसे दूर करने की आवश्यकता है।

***

भारत सरकार इस बात को समझती है कि जमींदार लोग जनता का खून चूस रहे हैं और पूँजीपति लोग श्रमिकों को न पूरी मजदूरी ही देते हैं और न उन्हें ढंग से जीने लायक सुविधाएँ ही देते हैं; लेकिन, इतना सब होने पर भी, यह कितने बड़े अनुताप की बात है कि भारत सरकार ने इनमें से किसी भी एक बुराई को दूर करने के लिए अपनी उँगली तक नहीं हिलाई है। ऐसा क्यों? क्या इसलिए कि इसे इन बुराइयों को दूर करने के लिए कानूनी अधिकार प्राप्त नहीं है? नहीं। इसका एक ही कारण है और वह यह है कि सरकार डरती है कि यदि उसने वर्तमान सामाजिक तथा आर्थिक जीवन-पद्धति में कुछ भी हेर-फेर करने का प्रयास किया तो निहित स्वार्थियों की ओर से उसका विरोध होगा। इस तरह की सरकार से किसी को भी क्या लाभ हो सकता है? जीवन की सारी प्रगति, जीवन का सारा सौष्ठव निरर्थक बन जाता है, जब हम ऐसी सरकार की अधीनता में रहते हैं, जो इस प्रकार की दो-दो कमियों, दो-दो बाधाओं के कारण निकम्मी बनी हुई हो। हमें ऐसी सरकार चाहिए, जिसमें शक्ति ऐसे लोगों के हाथ में हो, जो एकमात्र देश-हित को ही सर्वोपरि स्थान देते हों। हमें ऐसी सरकार चाहिए, जिसमें शक्ति ऐसे लोगों के हाथ में हो, जो जब यह जान लें कि यही करना न्याय है और यही करना समय की माँग है तो फिर समाज के सामाजिक व आर्थिक ढाँचे में परिवर्तन करने से न घबराए, भले ही उन्हें यह अंदाज लग जाए कि ऐसा करने से लोग सरकारी आदेशों का उल्लंघन कर उसका विरोध करने तक उतारू हो सकते हैं। अंग्रेजी सरकार से इस कर्तव्य-पूर्ति की कभी आशा नहीं की जा सकती। इस दिशा में ऐसी सरकार ही कुछ भी करने में समर्थ हो सकती है, जिसे जनता की सरकार कहा जा सके, जनता द्वारा संचालित सरकार कहा जा सके, जनता का हित करनेवाली सरकार कहा जा सके।

दलित वर्ग अनिवार्य तौर पर इस परिणाम पर पहुँचा है कि वर्तमान नौकरशाही भले ही हमारी कितनी भी शुभचिंतक होने का दावा करे, वह हमारी विशेष शिकायतों को दूर करने में असमर्थ सिद्ध होगी। हम अनुभव करने लगे हैं कि हम स्वयं ही अपनी शिकायतों को दूर कर सकते हैं और हम भी अपनी शिकायतों को तब तक दूर नहीं कर सकते, जब तक कि हमारे हाथ में राजनीतिक शक्ति नहीं आ जाती। और यह भी स्पष्ट है कि जब तक अंग्रेजी सरकार सत्तासीन है, तब तक राजनीतिक सत्ता का एक हिस्सा किसी भी तरह हमारे हाथ में नहीं आ सकता। केवल 'स्वराज्य' मिलने पर ही यह संभव है कि हमारे हाथ में कुछ राजनीतिक सत्ता आ सके, जिसके बिना हम अपने लोगों के उद्धार के कार्य में एक कदम भी आगे नहीं बढ़ सकते।

दलित वर्ग को यह अनुभव होता है कि यदि भारत के नए विधान की राजनीतिक मशीन विशेष प्रकार से निर्मित नहीं होती तो उसके हाथ में नाममात्र के लिए भी राजनीतिक शक्ति आनेवाली नहीं है। उस राजनीतिक मशीन की रचना करते समय भारतीय सामाजिक जीवन की कुछ खास ठोस बातों की ओर से आँखें नहीं मूँदी जा सकतीं। हमें यह स्वीकार कर लेना होगा कि भारतीय समाज जाति-पाँति का एक पीढ़ी-दर-पीढ़ी सिलसिला है, जिसमें हर नीची सीढ़ी पर का वर्ग अपने से ऊपर की सीढ़ी के वर्ग को सम्मान की दृष्टि से देखता है और हर ऊपर की सीढ़ी का वर्ग अपने से नीचे की सीढ़ी के वर्ग को घृणा की दृष्टि से देखता है। यह एक ऐसी सामाजिक पद्धति है, जिसमें उस समता व भाईचारे की भावना के विकास की तनिक भी गुंजाइश नहीं, जो किसी भी प्रजातांत्रिक समाज-व्यवस्था के लिए नितांत आवश्यक है।

दलित वर्ग इस बात को जोर देकर कहना चाहता है कि जब जिस किसी राजनीतिक विधान की स्वीकृति अथवा उसका निर्माण हो, उस समय इस बात का ध्यान अवश्य रखा जाए कि वह विधान उस समाज की मानसिक स्थिति के अनुरूप हो, जिसके लिए उसकी रचना होने जा रही है। अन्यथा इसकी पूरी संभावना है कि आप कोई ऐसा विधान बना डालें, जो चाहे कितना सुडौल हो, लेकिन जिसकी ऊपर से छँटनी हो गई हो और जिस समाज के लिए उसकी रचना हुई हो, वह उसके किसी काम का सिद्ध न हो।

***

हमको प्राय: याद दिलाया जाता है कि दलित वर्ग की समस्या एक सामाजिक समस्या है और इसका हल 'राजनीति' में न होकर अन्यत्र है। हम इस मत से पूर्णतया असहमत हैं। हमारा मत है कि जब तक दलित वर्ग के अपने हाथों में राजनीतिक सत्ता नहीं आती, तब तक उनकी समस्या कभी हल नहीं हो सकती। यदि यह कथन सत्य है, और जहाँ तक मैं समझता हूँ, इसको विरोधी मत स्थापित नहीं किया जा सकता, तो मेरा निवेदन है कि दलित वर्ग की समस्या मुख्यत: राजनीतिक समस्या है और इसे यही मानकर सुलझाने का प्रयास करना चाहिए।

***

हम जानते हैं कि अंग्रेजों के हाथों से अब राजनीतिक सत्ता उनके हाथों में हस्तांतरित होने जा रही है जिनका हमारे आर्थिक, सामाजिक और धार्मिक जीवन पर एकाधिकार-सा है। यह हो जाए, हमें इसमें कुछ आपत्ति नहीं। यद्यपि इसमें भी कुछ संदेह नहीं कि हममें से बहुतों को 'स्वराज्य' के साथ-साथ उन अत्याचारों की, उन जुल्मों की, उन अन्यायों की भी याद आती है, जो भूतकाल में हम पर ढाए गए हैं और जिनके फिर भविष्य में भी ढाए जाने का डर हमें बराबर बना है। इसमें जो अनिवार्य खतरा हमें मोल लेना पड़ रहा है, हम उसे लेने के लिए तैयार हैं; क्योंकि हमें आशा और विश्वास है कि अपने देशवासियों के साथ-साथ हमारे हाथों में भी देश के शासन की बागडोर आएगी। हम इस बात के लिए केवल एक ही शर्त पर तैयार हो सकते हैं कि अब हमारी समस्या के निर्णय को और अधिक स्थगित न किया जाए। इस भरोसे से कि समय पर ही इस प्रश्न को सुलझा लिया जाएगा, दलित वर्ग एक अरसे तक प्रतीक्षा करता रहा है।

***

जब-जब भी अंग्रेजी सरकार ने अपनी प्रतिनिधि सरकार के अधिकारों को कुछ व्यापक स्वरूप दिया, ऐसे हर अवसर पर दलित वर्ग की उपेक्षा की गई, उनकी राजकीय सत्ता की माँग की ओर तनिक भी ध्यान नहीं दिया गया। मैं इस लापरवाही के विरुद्ध पूरे जोर से विरोध करता हूँ और घोषणा करता हूँ कि अब हम इसे और अधिक नहीं सहन करेंगे। हमारी समस्या का हल राजनीतिक सत्ता हस्तांतरित करने के समझौते का एक आवश्यक हिस्सा माना जाए। हम नहीं चाहते कि हमें भावी शासकों की दया और सहानुभूति की मृग-मरीचिका दिखाकर उनके हाथों में सौंप दिया जाए।

जिन कारणों से दलित वर्ग को अपनी बात इतने जोर से कहनी पड़ रही है वे कारण अस्पष्ट नहीं हैं। हममें से हर कोई इस बात को जानता है कि जिस आदमी का किसी चीज पर अधिकार होता है, वह उस आदमी की अपेक्षा जिसका उस चीज पर अधिकार नहीं होता, कहीं अधिक शक्तिशाली होता है। हममें से हर कोई इस बात को भी अच्छी तरह जानता है कि जिनके हाथ में अधिकार होता है, वे स्वेच्छा से प्रायः इन अधिकारों का त्याग नहीं करते। इसलिए हमें भरोसा नहीं है कि एक बार जब उन लोगों के हाथ में राजनीतिक सत्ता चली जाएगी तो फिर बाद में हमारी समस्या का कोई समाधान हो सकेगा, क्योंकि ऐसा करना उनके लिए घाटे की ही बात होगी। तब हमारे लिए एक ही उपाय बचा रहेगा कि जिनको आज हम सत्ता दिलाने में सहायक सिद्ध हो रहे हैं, उन्हीं को फिर शासनाधिकार से च्युत करने के लिए उन्हीं के विरुद्ध 'क्रांति' की बात सोचें। हम अत्यधिक विश्वास करके अपने ही हाथों अपने विनाश के बीज बोने के बजाय अत्यधिक शंकालु माने जाकर घृणा के पात्र बनना अधिक पसंद करते हैं। इसलिए मैं समझता हूँ कि यह न्यायसंगत है और यह हमारे लिए ठीक भी है कि हम इस बात पर जोर दें कि हमारी समस्या के समाधान की सबसे अच्छी 'गारंटी' यही है कि जिस राजनीतिक मशीनों पर दोस्त लोग अपना एकाधिकार चाहते हैं—ऐसा एकाधिकार, जिसमें कोई भी उनके एकाधिकार में हस्तक्षेप न कर सके—उस राजनीतिक मशीन पर हमारा भी कुछ अधिकार हो।

***

दलित वर्ग के साथ कभी किसी ने मित्रता का व्यवहार नहीं किया। सरकार ने केवल अपने आपको चिरंजीवी बनाने में उनका उपयोग किया है। हिंदू उनको अपना कहते हैं, ताकि वे उन्हें किसी प्रकार के भी अधिकार प्राप्त करने से रोक सकें अथवा ठीक कहा जाए, वे उनके अधिकार हड़प सकें। मुसलमान उनका पृथक् अस्तित्व स्वीकार करने से इनकार करते हैं; क्योंकि उन्हें डर है कि यदि दलित वर्ग को भी कुछ अधिकार मिल गए तो उन्हें जो आज विशेष अधिकार प्राप्त हैं, उनमें कुछ-न-कुछ कमी आ जाएगी। सरकार की ओर से निराश कर दिए गए, हिंदुओं द्वारा दबाए गए, मुसलमानों द्वारा अस्वीकार किए गए दलित वर्ग की दुर्व्यवस्था वर्णनातीत है। आज तक कभी कोई इतना 'असहाय' न हुआ होगा।

***

भारत एक विचित्र देश है। उसके 'राष्ट्रीयतावादी' तथा 'देशभक्त' भी अनोखे प्राणी हैं। वह जानता है कि उसके देश की स्त्रियाँ तथा पुरुष नागरिकता के अधिकारों

से वंचित हैं, लेकिन तब भी उसे ऐसी चुभन नहीं होती कि इसे मिटाने के लिए वह कुछ करे। वह देखता है कि उसके देशवासियों का एक पूरा 'वर्ग' कहीं किसी भी प्रकार की सरकारी नौकरी नहीं कर सकता। लेकिन इससे उसकी न्यायप्रियता की भावना को किसी भी प्रकार की चोट नहीं पहुँचती। आदमी और समाज को हानि पहुँचानेवाली सैकड़ों कुरीतियों को वह देखता है, लेकिन उसे उन्हें मिटाने की कोई चिंता नहीं है। हमारा 'देशभक्त' अपने लिए और अपने वर्ग के लिए अधिक-से-अधिक शक्ति चाहता है—और कुछ भी नहीं। मुझे खुशी है कि मैं उन 'देशभक्तों' में से एक नहीं हूँ। मैं उस वर्ग का हूँ, जो जनतंत्रवाद का पक्षपाती है, जो एकाधिकार को उसकी सभी शक्लों में समाप्त हुआ देखना चाहता है। हमारा आदर्श है कि हम देखें कि बाहर से सभी आदमी समान समझे जाएँ—राजनीतिक क्षेत्र में, आर्थिक क्षेत्र में तथा सामाजिक क्षेत्र में; क्योंकि जनता का प्रतिनिधित्व करनेवाली सरकार हमारे उस उद्‌देश्य तक पहुँचने का एक साधन है और क्योंकि दलित वर्ग ऐसी सरकार को इतना महत्त्व देता है, इसलिए मैंने आपसे इतना आग्रह किया है कि आपकी घोषणा की सार्थकता के लिए यह अनिवार्य है कि इस शर्त की अवश्यंभावी पूर्ति हो।

***

मैं विश्वास नहीं करता कि सम्मिलित चुनाव मात्र से 'दलित वर्ग' को हिंदू समाज में खपा देने की समस्या का अंतिम इलाज हो जाएगा। चुनाव संबंधी कोई भी व्यवस्था बड़ी सामाजिक समस्या का हल नहीं हो सकती। उसके लिए 'राजनीतिक समझौता' मात्र पर्याप्त नहीं है। मैं आशा करता हूँ कि आपके लिए संभव होगा कि आप इसे 'राजनीतिक समझौते' से आगे बढ़कर ऐसा कुछ कर सकें, जिससे दलित वर्ग के लिए न केवल हिंदू समाज का एक हिस्सा बने रहना संभव हो जाए, बल्कि उसे समाज में एक सम्मान और समानता का दर्जा प्राप्त हो जाए।

***

जब तक दलित वर्ग अज्ञान के गड्ढे में गिरा था, उसमें आत्मसम्मान की भावना नहीं जागी थी, तब तक उनके लिए यह संभव था कि हिंदू कानूनों ने उनके लिए समाज में जो दर्जा तय कर दिया—वे उसे स्वीकार कर लें; लेकिन ज्यों-ज्यों वे शिक्षित होंगे त्यों-त्यों उन कानूनों को सहन नहीं करेंगे और उनके हिंदू समाज से दूर चले जाने का खतरा उत्तरोत्तर बढ़ता चला जाएगा।

□

आर्य

जिस चातुर्वर्ण्य प्रणाली को हिंदू आर्य पूर्वजों की अनोखी खोज मानते हैं, वह कोई अनोखी खोज नहीं है। इसके बारे में कोई दावा मौलिक नहीं है। वैयक्तिक आर्य कालीन अमरता की कोई धारणा प्राचीन आर्य ग्रंथों में या प्लेटो की रचनाओं में नहीं मिलती।

***

पहले अफगानी लोग बौद्ध थे।

***

ईसा-पूर्व ब्रिटेन में बौद्ध धर्म प्रचलित था। (डॉ. डोनाल्ड ए. मेकीनरिक, 1928)

***

भारत का इतिहास इस बात से शुरू होता है कि आर्यों ने भारत पर आक्रमण किया, यहाँ अपना घर बनाया और अपनी संस्कृति का विकास किया। आर्यों की संस्कृति, धर्म और उनकी सामाजिक प्रणाली के बारे में हम जितना जानते हैं, उनके राजनीतिक इतिहास के बारे में उतना ही कम जानते हैं। अनार्यों की तुलना में आर्यों की श्रेष्ठता के दावे में कोई दम नहीं है। आर्यों ने इतिहास में अपनी राजनीतिक उपलब्धियों के नगण्य निशान ही छोड़े हैं। भारत के राजनीतिक इतिहास की शुरुआत एक अनार्य समुदाय नाग के उत्थान के साथ होती है। नाग समुदाय को पराजित कर पाने में आर्यों को सफलता नहीं मिल पाई थी और उन्हें संधि करते हुए उस समुदाय को बराबरी का दर्जा देना पड़ा था। प्राचीन काल में राजनीतिक क्षेत्र में भारत ने जो गौरव और यश अर्जित किया, उसका पूरा श्रेय अनार्य समुदाय नाग को जाता है। उन लोगों ने ही विश्व के मानचित्र पर भारत की महानता को

साबित कर दिखाया था।

***

मगध साम्राज्य के संस्थापक का नाम शिशुनाग था, जो अनार्य जाति नाग से संबंधित था।

***

आर्यों के सामाजिक जीवन की सूचनाएँ एकत्रित करने के लिए वेद उपयोगी स्रोत हो सकते हैं। आर्यों और अनार्यों के बीच जातिगत नहीं, बल्कि सांस्कृतिक अंतर था। आर्य चतुर्वर्ण में विश्वास रखते थे। अनार्य इस बात का विरोध करते थे। अपने धर्म के लक्ष्य के रूप में आर्य यज्ञ करना अनिवार्य समझते थे। अनार्य यज्ञ का विरोध जताते थे।

***

जो शूद्र नियमों का पालन करते थे, उन्हें हर महीने सिर का मुंडन करवाना पड़ता था। वैश्यों को भी शुद्धि की यही विधि अपनानी पड़ती थी।

***

जिन लोगों ने आर्य संस्कृति को स्वीकार कर लिया था, वे 'आर्य' कहलाने लगे थे।

***

एशिया माइनर के बोघजकोई में बरामद पुरातात्त्विक अवशेष ई.पू. 1400 के हैं, जिनमें इंद्र, वरुण और नासत्य जैसे देवों के नामों का उल्लेख मिलता है। ऋग्वेद में भी इन देवों का उल्लेख मिलता है। उसी युग के मिट्टी के पात्र मिस्र के तेलीह अमरना में बरामद हुए जिन पर उत्तर-पश्चिम मेसोपोटामिया के राजकुमारों के नाम मिलते हैं, जो नाम आर्य नाम लगते हैं।

□

हिंदू धर्म की मान्यताएँ

बकल ने अपनी 'सभ्यता का इतिहास' पुस्तक में लिखा है—यह स्पष्ट ही है कि जब तक संदेह ने जन्म नहीं लिया, प्रगति का होना असंभव था। क्योंकि हमने स्पष्ट तौर पर देख लिया है कि सभ्यता की प्रगति मानव बुद्धि द्वारा प्राप्त किए गए ज्ञान पर ही निर्भर करती है। वह उस बात पर भी निर्भर करती है कि उस ज्ञान का प्रचार किस हद तक हुआ है। लेकिन जो आदमी अपनी ही जानकारी से संतुष्ट हैं, वे उसे बढ़ाने का प्रयास कभी नहीं करेंगे। जो आदमी समझते हैं कि उनके मत शत-प्रतिशत ठीक हैं, वे कभी उन बातों का परीक्षण करने का प्रयास नहीं करेंगे, जिन पर वे मत आश्रित हैं। पूर्वजों के मतों से सर्वथा विपरीत मत प्रकट किए जा रहे हैं। जब तक उनकी ऐसी ही मन:स्थिति है तब तक यह असंभव है कि वे किसी भी ऐसे सत्य को स्वीकार कर लें, जो उनकी पूर्व की मान्यताओं से बेमेल हो।

***

सामाजिक प्रगति का कोई भी कदम तभी उठाया जा सकता है जब हमारे पास कुछ नया ज्ञान हो। और इस तरह का ज्ञान प्राप्त हो, इसके लिए यह आवश्यक है कि उससे पहले जिज्ञासा का आग्रह हो, संदेह की उत्सुकता हो। बिना संदेह के खोज नहीं की जाती और बिना खोज किए ज्ञान की प्राप्ति नहीं होती। ज्ञान कोई ऐसा बेजान तत्त्व नहीं है, जो हमारे पास अनायास चला आए। उसे प्राप्त करने के लिए प्रयास करना अनिवार्य है। यह बहुत परिश्रम करने से और बहुत परित्याग करने से प्राप्त होता है। और ऐसा मानना बेकार है कि आदमी उन विषयों का ज्ञान प्राप्त करने के लिए श्रम करेगा और परित्याग करेगा, जिनके बारे में वह पहले ही आश्वस्त है कि वह सबकुछ जानता है। जिन्हें अंधकार का अनुभव नहीं होता, वे

कभी प्रकाश की खोज नहीं करेंगे। यदि किसी बात के बारे में हम निश्‍चित हैं तो हम उस विषय में कुछ भी नई खोज नहीं करेंगे, क्योंकि खोज करना ही बेकार है और कभी-कभी खतरनाक भी हो सकता है खोज करना। आरंभ करने से पहले संदेह को दखल देना ही चाहिए। इसलिए जो संदेह करता है उसी से प्रगति आरंभ होती है या प्रगति की संभावना है।

***

भारत जमातों का देश है। यहाँ पारसी, मुसलमान और हिंदू रहते हैं। इन जमातों का आधार भिन्न-भिन्न नस्लें नहीं हैं। यह स्पष्ट है कि ये धार्मिक विभाजन है। किंतु ऐसा मान बैठना भी किसी बात की गहराई में जाना नहीं है। जो बात महत्त्व की है वह यह है कि जो पारसी है, वह पारसी क्यों है? जो ईसाई है, वह ईसाई क्यों है? जो मुसलमान है, वह मुसलमान क्यों है? जो हिंदू है, वह हिंदू क्यों है? जहाँ तक पारसी, ईसाई, मुसलमान का सवाल है, उनके लिए प्रश्‍न का उत्तर देना कठिन नहीं। किसी पारसी से पूछिए कि वह पारसी क्यों है? उसे इस प्रश्‍न का उत्तर देने में कुछ कठिनाई न होगी। वह ईसाई है, क्योंकि वह ईसा मसीह में विश्‍वास करता है। एक मुसलमान से भी यही प्रश्‍न पूछिए, उसे भी इस प्रश्‍न का उत्तर देने में तनिक भी हिचकिचाहट नहीं होगी। वह कहेगा कि वह इसलाम में विश्‍वास करता है, इसलिए वह मुसलिम है। अब यही प्रश्‍न एक हिंदू से पूछकर देखिए। यदि वह कहता है कि वह हिंदू इसलिए है कि वह उसी देवता की पूजा करता है, जिसकी बाकी सारे हिंदू करते हैं, तो इसका उत्तर सच्चा और सही नहीं हो सकता।

***

सभी हिंदू किसी भी एक देवता को नहीं मानते हैं और किसी भी एक देवता की पूजा नहीं करते। कुछ हिंदू एक-देववादी हैं, कुछ अनेक देवताओं को नहीं मानते। कुछ विष्णु की पूजा करते हैं, कुछ शिव की पूजा करते हैं, कुछ कृष्ण की पूजा करते हैं; कुछ किसी भी पुरुष देवता को नहीं मानते। वे किसी-न-किसी स्त्री देवी की पूजा करते हैं। देवियों को माननेवाले भी किसी एक ही देवी की पूजा नहीं करते। वे भिन्न-भिन्न देवियों को पूजते हैं। कुछ काली की पूजा करते हैं, कुछ पार्वती की पूजा करते हैं, कुछ लक्ष्मी की पूजा करते हैं। अनेक देववादियों को लें, वे सभी देवताओं को मानते, पूजते हैं। वे विष्णु को भी पूजेंगे, शिव को भी पूजेंगे; राम को भी पूजेंगे, कृष्ण को भी पूजेंगे। वे काली, पार्वती और लक्ष्मी को एक साथ पूजेंगे। एक हिंदू शिवरात्रि का व्रत रखेगा, क्योंकि वह शिव का पवित्र दिन है। वह

एकादशी व्रत रखेगा, क्योंकि वह विष्णु का पवित्र दिन है। वह बेल का गाछ लगाएगा, क्योंकि वह शिव का प्रिय वृक्ष है। वह तुलसी का पौधा लगाएगा, क्योंकि वह विष्णु का प्रिय पौधा है।

***

हिंदुओं में जो अनेक देववादी हैं, वे केवल हिंदू देवी-देवताओं की पूजा नहीं करते। वे किसी के भी देवी-देवताओं की पूजा करते हैं। किसी भी हिंदू को एक मुसलिम पीर तक को पूजने में हिचकिचाहट नहीं होती और किसी ईसाई देवी को भी। हजारों हिंदू अनेक मुसलिम पीरों के पास जाते हैं और चढ़ावे चढ़ाते हैं। यथार्थ में कुछ ऐसे स्थान हैं, जहाँ मुसलिम पीरों के परंपरागत पूजक ब्राह्मण हैं और मुसलिम पीरों का वेश पहनते हैं। बंबई के पास ही मंत मौली नाम की ईसाई देवी पर हजारों हिंदू चढ़ावा चढ़ाने जाते हैं। ईसाई या मुसलिम देवी-देवताओं की पूजा समय विशेष पर ही होती है। कुछ हिंदू लोग दूसरे धर्मों के साथ इसकी भी अपेक्षा निकट-वफादारी का संबंध निभाते हैं।

***

मलकानों-मुसलमानों की चर्चा करते हुए भी ब्लंट ने लिखा है कि वे सभी पहले के हिंदू हैं और आगरा जिले के तथा आस-पास के मथुरा, एटा, मैनपुरी आदि जिलों के रहनेवाले हैं। वे पहले के राजपूत हैं, जाट हैं और बनिए हैं। वे अपना परिचय अपने आपको मुसलमान कहकर नहीं देते। वे बहुधा अपनी पुरानी जाति का नामोल्लेख करते हैं और मुश्किल से 'मलकाना' शब्द तक को जानते हैं। उनके नाम हिंदुओं के से नाम हैं। वे अकसर हिंदू मंदिरों तक में आते-जाते हैं। आपस में भेंट-मुलाकात होने पर वे 'राम-राम' कहते हैं। शादी-विवाह वे केवल आपस में करते हैं। यूँ वे कभी-कभी किसी मसजिद में भी चले जाते हैं। वे सुन्नत करवाते हैं और अपने मुर्दों को गाड़ते हैं। यदि घनिष्ठ संबंध हो तो वे मुसलमानों के यहाँ खाना-पीना करते हैं।

***

गुजरात में ऐसे कई जन-समूह हैं, जैसे मटिया कुनबी, ये लोग अपने शादी-विवाह आदि संस्कार विधियाँ ब्राह्मणों के हाथ से कराते हैं, लेकिन वे पीरान संत इमाम शाह के अनुयायी हैं और अपने मुर्दों को मुसलमानों की तरह दफनाते हैं। शेखदास अपनी बिरादरी में होनेवाले शादी-विवाह के अवसरों पर पुरोहिताई के लिए ब्राह्मण पुरोहित के साथ मुसलमान मुल्लाजी को भी बुलाते हैं। मोमिन लोग सुन्नत करते-कराते हैं, अपने मुर्दों को जलाते हैं और गुजराती भाषा में छपे 'कुरान'

भी पढ़ते हैं। अन्य सभी बातों में हिंदू संस्कार विधि का आश्रय लेते हैं।

***

यदि कोई हिंदू कहे कि मैं इसलिए हिंदू हूँ, क्योंकि मैं दूसरे हिंदुओं के जो रीति-रिवाज हैं उन्हीं क़ा अनुकरण करता हूँ, तो उसका उत्तर भी सही नहीं है। सभी हिंदुओं के रीति-रिवाज समान हैं ही नहीं। उत्तर भारत में नजदीकी रिश्तेदार परस्पर शादी नहीं कर सकते; किंतु दक्षिण में चचेरे, ममेरे भाई या बहन से शादी कर लेना विहित है। कभी-कभी इनसे भी अधिक निकट के रिश्तेदारों में विवाह संबंध हो जाते हैं। सामान्य रूप से स्त्रियों की शुद्धता को ऊँचा स्थान दिया जाता है; किंतु कुछ लोग इसे भी बहुत महत्त्व नहीं देते, कम-से-कम लड़कियों के विवाहित हो जाने तक। कुछ ऐसे भी लोग हैं, जो अपनी एक-न-एक लड़की को देवदासी का जीवन बिताने के लिए छोड़ देते हैं। देश के कुछ भागों में स्त्रियाँ स्वतंत्र विचरण करती हैं, दूसरे भाग में उन्हें परदों में रहना पड़ता है। कहीं-कहीं स्त्रियाँ साड़ियाँ पहनती हैं, कहीं-कहीं पाजामे।

***

फिर यदि कोई हिंदू कहे कि वह इसलिए हिंदू है, क्योंकि वह जाति-पाँति की प्रथा को मानता है, तो उसका यह उत्तर भी पूरी तरह संतोषजनक नहीं। यह सत्य है कि किसी भी हिंदू को इस बात की परवाह नहीं होती कि उसका पड़ोसी किन बातों में विश्वास रखता है और किनमें नहीं। लेकिन उसे यह जानने की बड़ी फिक्र रहती है कि उसका पड़ोसी उसके हाथ का पानी पी सकता है या नहीं! उसके हाथ का खाना खा सकता है या नहीं! इसका मतलब यह हुआ कि जाति-पाँति मानना हिंदू धर्म का अनिवार्य अंग है। जो आदमी किसी भी सम्माननीय जाति से संबंधित नहीं है, वह हिंदू नहीं ही है। यह सबकुछ सही है तो भी यह बात भुलाई ही नहीं जा सकती कि अकेला जाति-पाँति में विश्वास करना ही पर्याप्त नहीं है। बहुत से मुसलमान और ईसाई, भले ही वे खान-पान को लेकर न करते हों, भी शादी-विवाह के मामले में जाति प्रथा मानते हैं। लेकिन अकेले इसी एक वजह से भी वे हिंदू नहीं कहला सकते। दोनों बातें एक साथ होनी चाहिए। उसे हिंदू भी होना चाहिए और साथ-साथ जाति-प्रथा में विश्वास करनेवाला भी होना चाहिए।

***

ऐसा शायद ही कोई हिंदू होगा, जो वेदों को अपने धर्म का पवित्रतम ग्रंथ न

मानता हो। किसी भी वैदिक ब्राह्मण से पूछा जाए तो उसका उत्तर होगा कि वेद सनातन हैं। सनातन का क्या अर्थ है? सनातन धर्म की सर्वश्रेष्ठ व्याख्या 'मनुस्मृति' के प्रथम परिच्छेद के 22वें, 23वें श्लोक पर कुल्लुक भट्ट की टीका में है। 'सनातन' शब्द के संबंध में कुल्लुक भट्ट का कहना है—'सनातन' शब्द का मतलब है सदा से पूर्व-स्थित। जो वेद पूर्व-कल्प में विद्यमान थे, वे सर्वज्ञ ब्रह्म की स्मृति में सुरक्षित रहे। ब्रह्म और परमेश्वर एक थे। ये ही वेद इस कल्प के आरंभ में उसने अग्नि, वायु, सूर्य से प्राप्त किए। यह मान्यता, जो वेदों पर आधारित है, किसी तरह अमान्य नहीं हो सकती। वेदों का ही वचन है, 'ऋग्वेद का मूल अग्नि है, यजुर्वेद का वायु और सामवेद का सूर्य'।

***

कुल्लुक भट्ट की व्याख्या को हृदयंगम कर सकने के लिए यह आवश्यक है कि हम यह समझें कि 'कल्प' से क्या अभिप्राय है? 'कल्प' वैदिक ब्राह्मणों द्वारा स्वीकार किया गया समय का हिसाब-किताब है। ब्राह्मणों ने समय को पाँच भागों में बाँटा है—(1) वर्ष (2) युग (3) महायुग (4) मन्वंतर और (5) कल्प। वर्ष का अर्थ सामान्य है समय। यह 'काल' का पर्याय है। युग का ठीक-ठीक क्या अभिप्राय है, इसमें एक मत नहीं है। महायुग का मतलब है चार युगों का समूह (1) कृत (सत्), (2) त्रेता (3) द्वापर तथा (4) कलि। चारों युग साइकिल के पहियों की तरह एक-दूसरे का अनुसरण करते हैं। जब एक युग समाप्त हो जाता है तो दिए हुए क्रम के अनुसार अगला युग उसका अनुसरण करता है। जब चक्र पूरा हो जाता है, एक महायुग संपूर्ण होता है। तब दूसरे महायुग का आरंभ होता है। प्रत्येक महायुग का पहला युग होता है कृत युग और अंतिम युग होता है कलियुग।

***

महायुग और कल्प के बीच समय के संबंध की दृष्टि से कुछ भी संदिग्ध नहीं है। इकहत्तर महायुगों का एक कल्प होता है। लेकिन महायुग और मन्वंतर के बीच का समय की दृष्टि से जो संबंध है उसमें कुछ अनिश्चयात्मकता है। एक मन्वंतर के इकहत्तर महायुग होते हैं और कुछ और। ब्राह्मण ग्रंथों में यह कहीं नहीं दिया गया है कि इस कुछ और का क्या अभिप्राय है? इसी कारण से मन्वंतर और कल्प का समय की दृष्टि से परस्पर का संबंध अस्पष्ट है। हमारे सामने इस समय जो विचारणीय प्रश्न है, उसकी दृष्टि से इस बात का कुछ भी विशेष महत्त्व नहीं। इस समय हमारे लिए 'कल्प' का ही चिंतन करना पर्याप्त है। कल्प के संबंध में जो

मान्यता है, उसका विश्व की रचना और विश्व के विनाश की मान्यता की कल्पना से निकट का संबंध है। विश्व की रचना सृष्टि कहलाती है और विश्व का विनाश प्रलय। सृष्टि और प्रलय के बीच का समय 'कल्प' कहलाता है। इस प्रकार वेदों के मूल की कल्पना 'कल्प' की कल्पना के साथ निकट संबंध रखती है।

***

जब कल्प का आरंभ होता है, तभी सृष्टि का आरंभ होता है। जिस समय सृष्टि का आरंभ होता है, तभी वेदों का एक नया संस्करण अस्तित्व में आता है। कुल्लुक यह कहना चाहता है कि यद्यपि एक दृष्टि से प्रत्येक नए कल्प का अपना एक नया वेद होता है, लेकिन वह वही पुराना वेद होता है, जो पहले था और उसे ब्रह्मा अपनी स्मरण-शक्ति के बल पर नए सिरे से उपस्थित करते हैं। इसी अर्थ में उसका कहना है कि वेद सनातन हैं, अर्थात् सदा से पूर्व-स्थित।

***

कुल्लुक भट्ट का कहना है कि वेद स्मृति से उपस्थित किए गए। प्रश्न यह नहीं है कि किसने उपस्थित किए? प्रश्न यह है कि किसके द्वारा रचित हैं? यदि हम यह स्वीकार भी कर लें कि प्रत्येक कल्प के आरंभ में वेद नए सिरे से उपस्थित किए गए, तब भी यह प्रश्न बना ही है कि प्रथम कल्प के आरंभ में किसने प्रथम बार वेदों की रचना की। वेद यूँ ही अभाव में से अस्तित्व में नहीं आए होंगे। उनका आदि तो होगा ही, भले ही उनका अंत न हो।

***

वेदों के मूल की खोज हम स्वयं वेदों से आरंभ कर सकते हैं। ऋग्वेद वेदों के मूल के बारे में एक सिद्धांत का प्रतिपादन करता है। यह प्रसिद्ध सूक्त में समाविष्ट है। इसके अनुसार पुरुष नाम के जीव ने एक यज्ञ किया था और इसी यज्ञ ने ऋक्, यजु और साम नाम के लिए तीन वेदों को जन्म दिया।

***

सामवेद और यजुर्वेद में वेदों के मूल के बारे में एक शब्द भी नहीं। अथर्ववेद ही एक ऐसा दूसरा वेद है, जिसे वेदों के मूल के बारे में कुछ कहना है। वेदों के मूल के संबंध में इसमें कई मान्यताएँ हैं। एक मान्यता है—काल ने ऋग्वेद के मंत्रों को जन्म दिया। यजुर्वेद के मंत्रों को जन्म दिया। यजुर्वेद काल से उत्पन्न हुआ।

***

वेदों के मूल को समझाने का प्रयत्न करनेवाले ब्राह्मण ग्रंथ केवल चार हैं—

(1) शतपथ ब्राह्मण, (2) तैतिरीय ब्राह्मण, (3) ऐत्रेय ब्राह्मण और (4) कौशीतकी ब्राह्मण। शतपथ ब्राह्मण में विविध व्याख्याएँ दी गई हैं। एक व्याख्या के अनुसार, वेदों की उत्पत्ति प्रजापति से हुई है। इसके अनुसार—'एक समय प्रजापति ही एकमात्र विश्व था। उसकी आकांक्षा हुई—मैं होऊँ, मेरा विस्तार हो।' उसने भक्ति की, उसने तपस्या की। जब उसने इस प्रकार परिश्रम किया था और तपस्या की थी, तीन लोक उत्पन्न हुए—पृथ्वी, वायु और आकाश। उसने इन तीनों को उष्णता प्रदान की। इस प्रकार गरम होने पर उन तीनों लोकों में से तीन प्रकार के प्रकाश उत्पन्न हुए। अग्नि से ऋग्वेद, वायु से यजुर्वेद, सूर्य से सामवेद। उसने तीनों वेदों को उष्णता प्रदान की। गरम होने पर उन तीनों वेदों में तीन प्रकाश-सार उत्पन्न हुए। ऋग्वेद से भूः, यजुर्वेद से भुवः और सामवेद से स्वः।

***

प्रजापति से वेदों की उत्पत्ति के प्रकरण को लेकर शतपथ ब्राह्मण की ही एक दूसरी व्याख्या भी है। इसका अभिप्राय है कि प्रजापति ने वेदों को जल से उत्पन्न किया। शतपथ ब्राह्मण के शब्द हैं—उस पुरुष प्रजापति ने इच्छा की, मैं एक से अनेक हो जाऊँ, मेरा विस्तार हो जाए। उसने श्रद्धा की। उसने तपस्या की। ऐसा करके उसने सर्वप्रथम तीनों वैदिक विद्याओं को उत्पन्न किया। यह उसके लिए एक आधार हो गया। इसलिए लोग कहते हैं कि पवित्र ज्ञान ही विश्व का आधार है। इसके बाद से वेद ज्ञान ही आदमी के लिए खड़े रहने का आधार है, क्योंकि पवित्र ज्ञान ही उसका आश्रय है। इसी आधार पर स्थित होकर उसने तपस्या की। उसने वाक् से जल को उत्पन्न किया। वाक् उसकी वाणी थी। वह उत्पन्न की गई थी। क्योंकि वह व्याप्त थी, इसलिए वह 'अप्' कहलाई। क्योंकि उसने सभी कुछ ढक लिया, इसलिए पानी 'वर' कहलाया। उसने इच्छा की कि मैं इन जलों से विस्तृत हो जाऊँ। इस त्रिविध वैदिक विद्या के साथ जलों में प्रविष्ट हो गया। वहाँ से एक अंडा उत्पन्न हुआ। उसने उस अंडे को प्रेरित किया और कहा—'होने दो, होने दो, फिर होने दो।' उसी से सर्वप्रथम पवित्र विद्या की उत्पत्ति हुई, त्रिविध-वैदिक विद्या। इसलिए लोग कहते हैं कि विश्व में पवित्र ज्ञान की उत्पत्ति हुई है। इसके अतिरिक्त उस पुरुष के अग्रभाग से उत्पन्न होनेवाली पवित्र विद्या ही थी, यह उसके मुख स्वरूप प्रकट हुई। इसलिए जो आदमी वेदविद् होता है, उसके बारे में कहा जाता है कि वह अग्नि के समान है, क्योंकि पवित्र विद्या अग्नि में ही उत्पन्न है।

***

शतपथ ब्राह्मण में एक तीसरी व्याख्या दी गई है— 'मैं तुम्हें समुद्र रूपी आसन पर विराजमान करूँगा।

***

'चित्त समुद्र है। मानस समुद्र से वाणी रूपी फावड़े की सहायता से देवताओं ने त्रिविध वैदिक विद्याओं को खोदकर निकाला। इसलिए यह मंत्र उच्चरित हुआ—उस प्रकाश-स्वरूप देवता को आज इस बात की जानकारी होनी चाहिए कि उन्होंने उस भेंट को कहाँ रखा, जिसे देवताओं ने तेज फावड़े से खोद निकाला। मन समुद्र है। वाणी तेज फावड़ा है। त्रिविध वैदिक विद्या भेंट है।

***

तैतिरीय ब्राह्मण में तीन मत अभिव्यक्त किए गए हैं। उसका यह भी मत है कि वेदों के मूल में प्रजापति है। उसका यह भी कहना है कि प्रजापति ने सोम को उत्पन्न किया और इसके बाद तीन वेदों की उत्पत्ति हुई। इसी ब्राह्मण ग्रंथ में एक और अभिमत है, जिसका प्रजापति से कोई संबंध नहीं।

***

वाक् अविनाशी है। उसका जन्म सबसे पूर्व हुआ है। वह वेदों की जननी है। वह अमृतत्व का केंद्र-बिंदु है। हम पर प्रसन्न होकर वह यज्ञ में पधारी। हमारी संरक्षक देवी हमारे आह्वान को सुनने के लिए प्रस्तुत रहे। उस वाक् को ही वे ज्ञानी ऋषि, जिन्होंने वेद मंत्रों की रचना की है और देवतागण तपस्या व भक्ति द्वारा तलाश करते रहे हैं। इन सबके ऊपर तैतिरीय-ब्राह्मण की एक अपनी तीसरी मौलिक व्याख्या है। इसके अनुसार वेद प्रजापति की दाढ़ी से उत्पन्न हुए।

***

उपनिषदों ने वेदों के मूल के बारे में अपना मत अभिव्यक्त किया है। छांदोग्य उपनिषद् में वेदों के मूल की जो व्याख्या की है, वह वही है जो शतपथ ब्राह्मण की है अर्थात् ऋग्वेद अग्नि से उत्पन्न हुआ, यजुर्वेद वाणी से और सामवेद सूर्य से।

***

बृहदारण्यक उपनिषद् में दो तरह से समझाया है। एक जगह उसका कहना है कि जैसे गीली लकड़ी जलाने से तरह-तरह का धुआँ निकलता है, उसी प्रकार से उस महान् पुरुष की साँस ही सभी कुछ है—ऋग्वेद, यजुर्वेद, सामवेद, अथर्वेगीरस, इतिहास, पुराण, विद्या, उपनिषद्, श्लोक, सूत्र, नाना प्रकार की टीकाएँ—ये सब उसी पुरुष परमेश्वर की साँसें हैं। इसी का दूसरी जगह कथन है—प्रजापति (यमराज) ने वाक् को उत्पन्न किया और उसके माध्यम से आत्मा सहित सभी वस्तुओं को

उत्पन्न किया। वेद का भी उसमें समावेश है।

***

'मनुस्मृति' में वेदों के मूल के बारे में दो मत मिलते हैं। एक जगह कहा गया है कि वेदों की उत्पत्ति ब्रह्मा से हुई। आरंभ में ब्रह्मा ने वेदों के शब्दों से बहुत से नामों, कार्यों तथा सभी प्राणियों की स्थितियों की रचना की। उसी ने सूक्ष्म क्रियारत जीवित देवताओं की रचना की, साध्यों की रचना की, अनंत यज्ञों की रचना की और यज्ञों का विधान करने के लिए उसने अग्नि, वायु और सूर्य से ऋक्, यजु और सामवेद नामक त्रिविध वेदों की रचना की।

***

दूसरी जगह ऐसा प्रतीत होता है कि 'मनुस्मृति' ने वेदों के ब्रह्ममूलक होने के सिद्धांत को स्वीकार कर लिया है। इस उद्धरण को देखें—'प्रजापति ने तीन वेदों, अ, उ तथा म वर्णों को भी...।' साथ ही भूः भुवः तथा स्वः शब्दों को। इसी सर्वोपरि प्रजा ने तीनों वेदों में से प्रत्येक में से मूल के तीन हिस्सों में से एक को दुहा। यह 'सावित्री' या 'गायत्री' कहलाता है और 'तत्' से आरंभ होता है।

***

कुछ वेदों के मूल के बारे में पुराणों में भी वर्णन आया है। विष्णु पुराण की स्थापना है, "ब्रह्मा ने अपने पूर्वाभिमुख मुँह से गायत्री, ऋग्वेद के मंत्र, त्रिवृत्त, सोमरथंतर, यज्ञप्रथा अग्निस्रोतम् की रचना की। दक्षिणाभिमुख से उन्होंने यजुर्वेद के मंत्रों, त्रिष्टुम छंदस् तथा अतिरत्र की रचना की। उत्तराभिमुख मुँह से उन्होंने एकविंश विज छंदों की रचना की।"

***

भागवत पुराण का कथन है— "एक बार चतुर्मुख ब्रह्मा से वेदों की उत्पत्ति हुई। उस समय वे यही सोच रहे थे कि मैं पूर्ववत् समस्त विश्व को कैसे उत्पन्न करूँगा? उन्होंने अपने पूर्वाभिमुख मुँह से तथा दूसरे मुँहों से ऋक्, यजु, साम एवं अथर्व की रचना की। उसके साथ-साथ स्तुतियों की रचना की, प्रार्थनाओं की रचना की तथा प्रायश्चित्तों की रचना की।"

***

उनकी आँखों में प्रवेश करके—उनसे तब एक चार गुना जीव उत्पन्न हुआ, जो पुरुष जाति का था। वह ब्रह्मा की तरह प्रकाशमान था। वह वाणी से अगोचर था, अनंत था, स्थिर था, शारीरिक इंद्रियों या गुणों से रहित था, अति प्रकाशमान था, चंद्रमा की किरणों की तरह स्वच्छ था, तेजयुक्त था तथा वर्णों से मुक्त था।

परम पुरुष ने अपनी आँखों से ऋग्वेद व यजुर्वेद की रचना की, अपनी जीभ के सिरे से सामवेद की रचना की और अपने सिर से अथर्ववेद की रचना की। इन वेदों के अस्तित्व में आते ही उन्हें क्षेत्रों की प्राप्ति हो जाती है। इसलिए वे अपने-अपने वेद स्वरूप को प्राप्त कर सकते हैं, क्योंकि उन्हें क्षेत्रों की प्राप्ति हो जाती है। तब ये वेद 'पूर्व स्थित ब्रह्मा' को उत्पन्न करते हैं, एक दिव्य पुरुष अपने मानस गुण लिये हुए।

***

पुराण प्रजापति को भी वेदों का मूल स्वीकार करते हैं। उनका कहना है कि जब परं पुरुष को विश्व की रचना की चिंता थी, प्रजापति ने अपने मुख से 'ॐ' शब्द का उच्चारण किया।

***

हरिवंश पुराण की स्थापना है—जब वह इस प्रकार विचारमग्न था, उसके मुँह से 'ॐ' शब्द निकला। वह शब्द पृथ्वी, हवा और आकाश में गूँज गया। जब वह देवाधिदेव बार-बार इस शब्द का उच्चारण करने में रत थे, उनके हृदय से वषट्कार का निर्गमन हुआ।

***

इस सिद्धांत का आधार क्या है? इस सिद्धांत का आधार यह दृष्टि है कि वेद अपौरुषेय हैं। जब वैदिक ब्राह्मण कहते हैं कि वेद अपौरुषेय हैं तो उनका मतलब इतना ही होता है कि वेद किसी भी पुरुष की रचना नहीं हैं। क्योंकि वे मनुष्यों की रचना नहीं हैं, इसलिए उनमें वैसा कोई भी दोष नहीं है, वैसी कोई भी कमी नहीं है, वैसी कोई भी कमजोरी नहीं, जो किसी भी मनुष्य की रचना में हो सकती है। इसीलिए वेद निर्भ्रांत हैं।

***

वेदों की प्रामाणिकता के प्रश्न को लेकर गौतम धर्म-सूत्र ने प्रामाणिकता के विषय में निम्नलिखित मर्यादा तय की है—

(1) वेद हैं पवित्र ज्ञान के भंडार।

(2) जो वेद के ज्ञाता हैं, उनका आचरण तथा परंपरा।

(3) यदि परस्पर विरोध हो तो स्वेच्छानुसार किसी भी आचरण का अनुसरण किया जा सकता है।

***

वशिष्ठ धर्म-सूत्र का दृष्टिकोण है—

(1) पवित्र ज्ञान का निर्णय वेद और उसके ज्ञात ऋषियों के आचरण से होता है।

(2) इन दोनों स्रोतों से यदि मार्गदर्शन उपलब्ध न हो तो शिष्ट जनों का आचरण प्रमाणभूत माना जाता है।

बौधायन के मत में इस प्रकार बताया गया है—

(1) प्रत्येक वेद में पवित्र ज्ञान उपलब्ध है।

(2) हम उसी के अनुसार निर्णय देंगे।

(3) इसके बाद स्मृतियों में दिए गए ज्ञान का दर्जा है।

(4) शिष्टों के आचरण का दर्जा तीसरा है।

(5) यदि तब भी कोई विषय अनिर्णीत रहे तो कम-से-कम दस आदमियों की सभा उसका निर्णय करे।

***

आपस्तंब धर्म-सूत्र का दृष्टिकोण इस प्रकार है—

(1) अब हम उन पुण्य कर्मों का उल्लेख़ करेंगे, जो दैनिक जीवन के अंग हैं।

(2) इन कर्तव्यों के विषय में उनकी सहमति प्रमाण है, जो स्मृतियों के जानकार हैं।

(3) और उन जानकारों के लिए एकमात्र वेद ही प्रमाण हैं।

***

न केवल वशिष्ठ धर्म सूत्र ने, बल्कि बौद्धायन धर्मसूत्र ने भी इसका खयाल रखा है कि शिष्ट की परिभाषा की जाए। वशिष्ठ धर्म सूत्र का कथन है—'जो आदमी तृष्णा-मुक्त है, वही शिष्ट है।' बौद्धायन शिष्ट के गुणों के विषय में अधिक ब्योरा देता है। उसका मत है—'शिष्ट वे हैं जो ईर्ष्या से मुक्त हैं, अहंकार से मुक्त हैं, दस दिनों के लिए पर्याप्त अनाज से संतुष्ट हैं, लालसा से मुक्त हैं, ढोंग से मुक्त हैं, अभिमान से मुक्त हैं, लालच से मुक्त हैं, असमंजस से मुक्त हैं और मुक्त हैं क्रोध से।'

***

जिस सभा को बौद्धायन ने प्रमाण माना है, उसके विषय में एक खास बात कही है—'अब वे इस श्लोक को उद्धृत करते हैं, जिसका भावार्थ है—चारों वेदों में से कम-से-कम एक वेद के जानकार चार व्यक्ति, एक मीमांसक, वेदांग आदि का एक जानकार, जो वेदमंत्रों का उच्चारण करता है, वह एक, तीन भिन्न-भिन्न परंपराओं का प्रतिनिधित्व करनेवाले तीन ब्राह्मण—ये सब मिलकर कम-से-कम

दस सदस्यों की एक-एक सभा का निर्माण करते हैं। पाँच, तीन या परिशुद्ध आदमी भी पवित्र धर्म के बारे में निर्णय दे सकता है।

***

धर्मसूत्रों की समालोचना से यह स्पष्ट होता है कि किसी विवादास्पद विषय पर विचार करना और कुछ निर्णय करना होता था तो सत्यासत्य का निर्णय करने के लिए चार बातों को प्रमाण माना जाता था—(1) वेद, (2) स्मृति, (3) शिष्ट पुरुषों का आचरण और (4) कम-से-कम दस व्यक्तियों की सभा की सहमति।

***

जिस सभा का निर्णय कानून माना जाता था, उसका सदस्य चुने जाने के लिए वेदों का ज्ञान एक आवश्यक योग्यता मात्र थी।

***

क्या सचमुच कोई वेदों का रचयिता नहीं है? क्या वे वास्तव में अपौरुषेय हैं? इस विषय में सबसे बड़ी गवाही, सबसे बड़ी प्रामाणिकता अनुक्रमणिकाओं की प्रामाणिकता है। अनुक्रमणिकाएँ कहती हैं, वे और कुछ नहीं हैं, वे केवल प्राचीन वैदिक साहित्य के कुछ हिस्सों की व्यवस्थित अनुक्रमणिकाएँ हैं। हर वेद की एक अनुक्रमणिका है। कभी-कभी किसी वेद की एकाधिक अनुक्रमणिकाएँ भी संभव हैं। ऋग्वेद की सात अनुक्रमणिकाएँ विद्यमान मानी जाती हैं। शौनक की पाँच, कात्यायन की एक और एक अज्ञात लेखक की एक। यजुर्वेद की तीन अनुक्रमणिकाएँ विद्यमान हैं। तीनों शाखाओं के लिए एक-एक ऐत्रेयी, चर्यनियस तथा मध्यंदिन। सामवेद की दो अनुक्रमणिकाएँ हैं। एक आर्षेय ब्राह्मण कहलाती है और दूसरी कहलाती है परिशिष्ट। अथर्ववेद के लिए एक ही अनुक्रमणिका विद्यमान मानी जाती है। यह वृहत् सर्वानुक्रमणी नाम से जानी जाती है।

***

प्रो. मैक्समूलर का कहना है कि ऋग्वेद की कात्यायन की अनुक्रमणिका सर्वाधिक प्रामाणिक अनुक्रमणिका है। इसका महत्त्व इस बात में है कि यह प्रत्येक मंत्र का पहला शब्द देती है, मंत्रों की संख्या देती है, रचयिता ऋषि का और उसके परिवार का नाम देती है, देवताओं का नाम देती है, छंदों का उल्लेख करती है। सर्वानुक्रमणिका का निर्देश करने से जो बात प्रकट होती है कि ऋग्वेद की ऋचाओं के रचयिता ऋषि हैं। इसलिए अनुक्रमणिका के अनुसार ऋग्वेद को एक मानव रचना मानना ही पड़ेगा। दूसरे, वेदों के बारे में भी हमें परिणाम पर पहुँचना पड़ेगा।

ये अनुक्रमणिकाएँ यथार्थ हैं, यह बात स्वयं ऋग्वेद में दिए गए अनेक अनुच्छेदों से प्रमाणित होती है, जिनमें ऋषियों ने अपने आपको उन ऋचाओं का रचयिता कहा है।

****

स्वयं ऋषियों ने वेदों को मानवी रचनाएँ और ऐतिहासिक महत्त्व की कृतियाँ स्वीकार किया है। ऋग्वेद की ऋचाएँ प्राचीन ऋषियों और आधुनिक ऋषियों में भेद करती हैं; जैसे—पहले के ऋषियों ने भी तुम्हारा आह्वान किया था। अब यह मेरी भी स्तुति सुनो—'हे इंदु! हमारी नवीनतम स्तुतियों से प्रसन्न होकर हमारे लिए धन, खाद्य सामग्री और संतति की व्यवस्था करो।'

****

न्याय दर्शन के संस्थापक गौतम ऋषि का कहना था—सूत्रों की और आयुर्वेद के ग्रंथों की प्रामाणिकता की तरह वेदों की प्रामाणिकता भी उनके रचयिताओं की योग्यता पर निर्भर करती है, क्योंकि वेदों का रचयिता योग्य था, प्रामाणिक था, सत्यवादी था, इसलिए यह बात अनुमानित होती है कि वेद प्रामाणिक ग्रंथ हैं।

****

वैशेषिक दर्शन वेदों को प्रामाणिक मानता है, किंतु उसके प्रामाणिकता के आधार भिन्न हैं—

(1) वेद किसी चेतन मानस की उपज हैं।

(2) वे ईश्वरकृत हैं, इसलिए वे प्रामाणिक हैं।

****

कपिल मुनि द्वारा स्थापित सांख्य दर्शन का कहना था कि वेदों को अनादि नहीं माना जा सकता; क्योंकि वेदों के अनेक अंश स्वयं अपने बारे में कहते हैं कि वे उत्पन्न किए गए हैं। सांख्य मत के अनुसार सूर्य के समान वेद स्वयं प्रकाशमान हैं। उनमें एक ऐसी दिव्य शक्ति है, जिससे वे स्वयं भी प्रकाशित होते हैं तथा दूसरी सभी वस्तुओं को भी प्रकाशित करते हैं—भूत और वर्तमान की, बड़ी और छोटी, नजदीक की और दूर की।

****

वेदांत दर्शन दो भिन्न-भिन्न मतों का समर्थन करनेवाला मालूम होता है। इसका मंतव्य है कि वेदों का मूल ब्रह्मा है या वह मूल कारण है। वह ब्रह्म पुल्लिंग नहीं है, साकार ब्रह्मा, बल्कि ब्राह्मन् है, न स्त्रीलिंग न पुल्लिंग—परम सत्ता। यह

वेदों के अनादि होने की बात को भी मानता है और आत्माश्रित रचयिता के अस्तित्व को स्वीकार करता है।

***

ब्राह्मण बहुत आगे बढ़े और कहा कि वेद ईश्वरकृत भी नहीं हैं। पूर्व मीमांसा के संस्थापक जैमिनी का यही मत है।

***

पूर्व मीमांसा के संस्थापक जैमिनी पहले नैयायिकों के तर्क का परीक्षण करते हैं, जो वेदों को परमेश्वर की रचना मानते हैं और पूर्व पक्ष के रूप में नैयायिकों का मत उपस्थित करते हैं। मीमांसकों का तर्क है—'वेद ऐसे अशरीरी परमेश्वर द्वारा कभी भी उच्चरित नहीं हुए होंगे, जिसके मुँह में तालु नहीं है, या भाषण दे सकने लायक कोई भी अंग नहीं है। इसलिए यह कल्पना ही नहीं की जा सकती कि जिन वर्णों से वेद की निर्मिति हुई है, उन वर्णों का कभी उसने उच्चारण किया होगा। नैयायिकों का मानना है कि यह तर्क युक्तियुक्त नहीं है क्योंकि यद्यपि ईश्वर अशरीरी है, लेकिन वह लीला की तरह अपने श्रद्धा-संपन्न लोगों के प्रति करुणार्द्र होकर शरीर धारण कर सकता है। इसलिए यह कहना कि वेदों का कोई व्यक्ति रूप से रचयिता नहीं था, सार्थक नहीं है।'

***

जैमिनी अपने इस मत की स्थापना के लिए कि वेद ईश्वर-वचन नहीं हैं, वे इससे भी बढ़कर कुछ हैं, अपने निजी तर्क देते हैं। जैमिनी की स्थापना है—इससे पहले के सूत्रों में यह कहा गया है, शब्दों और उनके अर्थों का संबंध नित्य है। अब यह सिद्ध करना है कि शब्दों और उनके अर्थों की नित्यता शब्दों की नित्यता पर निर्भर करती है। उसके लिए पहले उन नैयायिकों का खंडन करना होगा, जिनकी स्थापना है कि शब्द नित्य नहीं हैं।

□

कांग्रेस और गांधी ने अस्पृश्यों के लिए क्या किया?

जो हिंदू महात्मा गांधी के अंध समर्थक हैं उन्हें मेरी बात पसंद नहीं आ सकती है और संभव है कि उन्हें गुस्सा भी आ जाए। चूँकि इस अध्ययन का निष्कर्ष 'गांधी से सावधान' है, इसीलिए वैसी ही प्रतिक्रिया की अपेक्षा की जा सकती है।

~***~

मेरा मानना है कि जिस तरह आज सभी महात्मा गांधी को संशय की नजरों से देख रहे हैं, वह एक नेता के लिए बहुत बड़ी त्रासदी कहलाएगी।

~***~

गोलमेज सम्मेलन के दूसरे सत्र में अस्पृश्यों की माँग के प्रति अपने रवैए के जरिए महात्मा गांधी ने अपने चरित्र की कमजोरी का परिचय दे दिया था।

~***~

महात्मा गांधी पहले मुसलमानों की चौदह माँगें मानने के लिए तैयार नहीं थे, मगर जैसे ही उन्हें पता चला कि मुसलमान अस्पृश्यों का समर्थन करने के लिए तैयार हैं, वे फौरन उनकी चौदह माँगों को मानने के लिए तैयार हो गए। इसके लिए उन्होंने मुसलमानों के सामने अस्पृश्यों को दिया जानेवाला समर्थन वापस लेने की शर्त रख दी।

~***~

वे समझ गए कि अगर वे अस्पृश्यों के वजूद को स्वीकार कर लेंगे तो इस तरह उनका हित प्रभावित होगा। उन्होंने सत्य और निष्ठा को न्योछावर करना ही

उचित समझा और सुरक्षित मार्ग पर चलने का निश्चय किया। उन्होंने इस बात से इनकार कर दिया कि भारत में अस्पृश्यता की कोई समस्या मौजूद है और इस तरह उन्होंने अस्पृश्यों की राजनीतिक माँग पर प्रहार किया। इस तरह उन्होंने जता दिया कि अपने स्वार्थ के लिए वे किस तरह अस्पृश्यों के खिलाफ सोची-समझी साजिश को अंजाम दे सकते हैं।

***

सत्ता के भूखे कांग्रेसी ईर्ष्यालु भी हैं, जिन्हें डर सता रहा है कि कहीं उन्हें अपनी मेहनत के फल से वंचित न होना पड़े।

***

यह कांग्रेस की नीति रही है कि कैबिनेट में अस्पृश्यों के अधिकारों को किसी सूरत में प्रतिनिधित्व करने की इजाजत न दी जाए और महात्मा गांधी ऐसी नीति का समर्थन करते रहे हैं।

***

सेंट्रल प्रोविंस की कांग्रेस मिनिस्ट्री में डॉ. खरे प्रधानमंत्री थे। पुरानी कैबिनेट की तुलना में डॉ. खरे की नई कैबिनेट की उल्लेखनीय बात यह थी कि उसमें एक अस्पृश्य श्री अग्निभोज को शामिल किया गया, जो सेंट्रल प्रोविंस के सदस्य थे, कांग्रेस पार्टी से ताल्लुक रखते थे और उच्च शिक्षित होने के कारण मंत्री बनने की योग्यता रखते थे।

***

डॉ. खरे ने खुलेआम बताया कि किस तरह महात्मा गांधी ने कैबिनेट में एक अस्पृश्य को शामिल करने के निर्णय को अनुशासनहीनता का उदाहरण बताया था। महात्मा गांधी ने डॉ. खरे से कहा था कि इस तरह अस्पृश्यों की आकांक्षाओं और महत्त्वाकांक्षाओं को प्रोत्साहित करना उचित नहीं था और यह ऐसा गलत निर्णय था जिसके लिए वे कभी डॉ. खरे को माफ नहीं करनेवाले थे। डॉ. खरे कई मंचों पर इस बयान को दोहरा चुके हैं। महात्मा गांधी ने कभी इस बयान का खंडन नहीं किया।

***

कार्यकारिणी में वे ऐसा कोई सवाल पूछने नहीं देते, जो उन्हें पसंद नहीं हो। वे अपनी मरजी से कोई प्रस्ताव पारित नहीं कर सकते। वे कोई विधेयक अपनी मरजी से नहीं ला सकते। वे अपनी अंतरात्मा की आवाज पर मतदान नहीं कर सकते। वे वहाँ मूक मवेशियों की भूमिका निभाते रहते हैं।

***

अगर आप स्वयं को भद्र पुरुष की जगह केवल हिंदू कहलाना पसंद करते हैं तो अपने दरवाजे को बंद ही रखें, क्योंकि मैं आपके घर में कदम रखना पसंद नहीं करूँगा।

***

जब सवर्ण हिंदुओं को अपना रवैया बदलने के लिए मजबूर किया जाएगा, तभी वंचित वर्ग को सही अर्थों में न्याय मिल पाएगा। इसके लिए आपको परंपरागत आचार-संहिता के विरुद्ध सीधी काररवाई करनी होगी। ऐसा करने पर वह सोचने के लिए मजबूर हो जाएगा और फिर बदलाव के लिए तैयार भी हो सकेगा।

***

इसीलिए मैं अस्पृश्यता-निवारण लीग से आग्रह करता हूँ कि वह वंचित तबके को नागरिक अधिकार दिलाने के लिए सीधी कार्रवाई का तरीका अपनाए।

***

मालिक के तौर पर सवर्ण हिंदू का स्थान सुरक्षित है। वहीं दलित वर्ग के श्रमिक उसके दास के रूप में कार्य करते रहेंगे। उम्र या योग्यता से कोई फर्क नहीं पड़ने वाला है।

***

मैं सही वस्तु-स्थिति के बारे में बताना जरूरी समझता हूँ। मैं नहीं चाहता कि अस्पृश्यों को लेकर किसी तरह की भ्रामक स्थिति पैदा हो। अस्पृश्यों ने 'स्वतंत्रता की लड़ाई' में भाग लेना इसलिए जरूरी नहीं समझा कि वे ब्रिटिश साम्राज्यवाद के पुर्जे बनकर जीना चाहते हैं, बल्कि उन्हें डर है कि भारत को आजादी मिलने पर हिंदुओं का वर्चस्व स्थापित हो जाएगा और इस तरह अस्पृश्यों के जीवन की सारी संभावनाएँ समाप्त हो जाएँगी। उन्हें फिर दयनीय जीवन गुजारने के लिए मजबूर कर दिया जाएगा।

***

जब हिंदू राज कायम होगा तब ब्राह्मण और बनिए राज करेंगे और छोटी जातियों के लोग पुलिसकर्मी की भूमिका निभाएँगे और ये तमाम लोग परंपरागत रूप से अस्पृश्यों के शत्रु साबित होंगे।

***

स्वतंत्रता और भ्रातृत्व के लिए वर्गगत असमानता खतरे की तरह है। यह विषमता खत्म हो जाएगी, ऐसा विश्वास नहीं किया जा सकता। न ही यह माना जा

सकता है कि हिंदू इसे मिटाने की कोशिश कर सकते हैं। ऐसा नामुमकिन है। यह असमानता संयोगवश या दुर्घटनावश नहीं है।

****

'हिंदुस्तान में रहनेवाला प्रत्येक व्यक्ति हिंदू है।' इस परिभाषा के तहत दावा किया जा सकता है कि अछूत भी हिंदू हैं।

****

एक साझे धर्म का मतलब साझी सहभागिता भी है।

****

धार्मिक भिन्नता से सामाजिक गठजोड़ नहीं टूट सकता।

****

जब फौज में अछूतों के लिए शिक्षा का प्रावधान था तो उससे उन्हें एक अभूतपूर्व लाभ पहुँचा। इस शिक्षा के जरिए उन्हें नई दृष्टि मिली, नए मूल्य मिले। वे समझने लगे कि जिस हीनता के माहौल में वे जीवन गुजारते रहे हैं, वह उनकी नियति नहीं है, बल्कि कतिपय लोगों ने उन्हें इस तरह की नारकीय जिंदगी जीने के लिए मजबूर कर रखा है।

****

भारत में जाति-प्रथा विशिष्ट और अलग-अलग है। उद्देश्यों और लक्ष्यों के बीच किसी तरह का तालमेल या संशोधन दिखाई नहीं देता। जातियाँ अपने स्वार्थों को ही सर्वोपरि मानती हैं और उसी के आधार पर अन्य जातियों के साथ बरताव करती हैं। ये जातियाँ भले ही आपस में मेल-जोल बढ़ाती हैं, मगर ऐसा करने से उनके चरित्र में कोई परिवर्तन नहीं आता। सहयोग का उनका रवैया यांत्रिक होता है।

****

भारत में जातियाँ महज गैर-सामाजिक ही नहीं हैं, बल्कि समाज-विरोधी भी हैं। अछूतों के प्रति लोगों के रवैए से इस सच्चाई का अंदाजा लगाया जा सकता है। कई तथ्य हैं, जो अछूतों के प्रति उनकी क्रूरता को उजागर करते हैं।

****

इतिहास गवाह है कि जब भी नैतिकता और अर्थव्यवस्था में टकराव होता है तो जीत हमेशा अर्थव्यवस्था की होती है।

****

भारत में समाचार प्रसारित करनेवाली प्रमुख एजेंसी एसोसिएटेड प्रेस ऑफ

इंडिया के तमाम कर्मचारी मद्रासी ब्राह्मण हैं—वैसे भी पूरे भारत में मीडिया उन्हीं के हाथों में है। ये लोग स्वाभाविक रूप से कांग्रेस के समर्थक हैं और कांग्रेस के विरुद्ध किसी भी समाचार को ये लोग आम जनता तक पहुँचने नहीं देते। अस्पृश्यों के लिए हालात इसलिए भी प्रतिकूल बने हुए हैं।

****

नेहरू इस बात को लेकर काफी सजग रहते हैं कि वे एक ब्राह्मण हैं। नेहरू की बहन ने कहा कि उन्हें ब्राह्मण वंश में पैदा होने के नाते गर्व क्यों नहीं करना चाहिए।

****

क्या इस बात में तनिक भी संदेह है कि ब्राह्मण ही भारत के शासक वर्ग का निर्माण करते हैं? क्या इस बात में तनिक भी संदेह है कि आजादी के लिए कांग्रेस की लड़ाई शासक वर्ग की आजादी के लिए है? क्या इस बात में तनिक भी संदेह है कि कांग्रेस ही शासक वर्ग है और शासक वर्ग ही कांग्रेस है? क्या इस बात में तनिक भी संदेह है कि जब वर्ष 1937 में प्रांतीय स्वायत्तता के रूप में स्वराज आया तो कांग्रेस ने बेहयाई के साथ सत्ता और स्वायत्तता के शीर्ष पर शासक वर्ग को बैठा दिया?

****

यह अफसोस की बात है कि वे शोषक और शोषित के बीच फर्क नहीं कर पा रहे हैं। शोषक को आजादी इसलिए चाहिए, ताकि वह दमन कर सके। वहीं शोषित वर्ग शोषक वर्ग के दमन से आजाद होना चाहता है। भारत में आजादी लाने की हड़बड़ी में वे इस बात को नहीं समझ पा रहे हैं कि कांग्रेस का पक्ष लेकर वे भारत में लोकतंत्र को महफूज नहीं बना रहे हैं और शोषकों को शोषण जारी रखने की खुली छूट दे रहे हैं। क्या उन्हें यह बताना जरूरी है कि कांग्रेस का समर्थन करने का अर्थ है शोषणकारियों को दमन जारी रखने की खुली छूट देना?

****

हम महात्मा गांधी की निष्ठा पर कैसे भरोसा कर सकते हैं, जो गुरुवयूर मंदिर का द्वार अछूतों के लिए नहीं खोले जाने पर अनशन करने का संकल्प करता है, मगर द्वार नहीं खुलने पर भी अनशन शुरू नहीं करता? वे ऐसे व्यक्ति को कैसे स्वीकार कर सकते हैं, जो मंदिर में प्रवेश के लिए एक विधेयक प्रस्तुत करता है और फिर विधेयक को वापस ले लेता है? वे ऐसे व्यक्ति की निष्ठा पर कैसे भरोसा

कर सकते हैं, जो अछूतों के मंदिर में प्रवेश सुनिश्चित करने की जगह सिर्फ इतना कहकर चुप रह जाता है कि वह उस मंदिर में नहीं जाएगा, जिसमें अछूतों का प्रवेश वर्जित हो? वे ऐसे व्यक्ति की निष्ठा पर कैसे भरोसा कर सकते हैं, जो हर चीज के लिए अनशन कर सकता है, मगर अछूतों के हक के लिए अनशन नहीं कर सकता?

***

गुरुवयूर मंदिर का द्वार अभी भी अछूतों के लिए बंद ही है, मगर गांधीजी ने अनशन शुरू करने का अपना वादा पूरा नहीं किया है।

***

अछूतों के पक्ष में किए गए वादों को वापस लेने की माँग में गांधीजी ने आमरण अनशन शुरू कर दिया।

***

महात्मा गांधी एक राजनीतिक खिलाड़ी हैं। उन्हें अपने खेल में जुटा रहना चाहिए।

***

कोई भी व्यक्ति अपना सम्मान खोकर आभार व्यक्त नहीं कर सकता। कोई भी स्त्री अपनी इज्जत गँवाकर कृतज्ञता नहीं व्यक्त कर सकती। कोई भी देश आजादी गँवाकर कृतज्ञता नहीं व्यक्त कर सकता। आयरिश नेता डेनियल ओ कोनेल ने यह बात कही थी।

***

गांधीवाद क्या है? यह किसका पक्ष लेता है? आर्थिक संकट को लेकर इसके पास क्या समाधान है? सामाजिक समस्याओं को लेकर इसके पास क्या समाधान है?

***

यह बात स्पष्ट रूप से बता देना जरूरी है कि कुछ गांधीवादी जिस गांधीवाद की अवधारणा प्रस्तुत कर रहे हैं, वह पूरी तरह कपोल-कल्पना है।

***

महात्मा गांधी कहते हैं—

(1) पश्चिमी सभ्यता की रचना शैतान ने की है।

(2) परंपरागत पेशा जाति प्रथा की आत्मा है, जो एक अहम सिद्धांत है। इसमें परिवर्तन करने से अव्यवस्था पैदा हो सकती है।

(3) वर्ण-व्यवस्था के अंतर्गत किसी भी व्यक्ति को अपना पेशा चुनने की आजादी नहीं मिली हुई है। उसका पेशा आनुवंशिक रूप से निर्धारित होता है।

***

संक्षेप में, गांधीवाद जब प्रकृति की तरफ लौटने की बात कहता है तो इसका अर्थ आदिम युग में लौटना होता है, गरीबी में लौटना होता है, अज्ञान के अँधेरे में जनता का लौटना होता है।

***

जिस तरह की वर्ग संरचना है, उसके बारे में व्यावहारिक रूप से कहा जाए तो एक तरफ निरंकुशता, प्रदर्शनप्रियता, अहंकार, आक्रामकता, लालच, स्वार्थ है तो दूसरी तरफ असुरक्षा, दरिद्रता, तिरस्कार, गुलामी और दीनता है। ऐसी स्थिति में स्वाभिमान, स्वतंत्रता, मर्यादा और गरिमा की कल्पना नहीं की जा सकती।

***

गांधीवाद लोकतांत्रिक नहीं है, चूँकि यह जाति और वर्ण-व्यवस्था का समर्थन करता है। वे कहते हैं, ''इसमें कोई बुराई नहीं कि एक वर्ण का व्यक्ति दूसरे वर्णों के लिए आरक्षित विज्ञान और कला में पारंगत हो जाता है। मगर जहाँ तक आजीविका के लिए पेशे के चयन का सवाल है, उसे अपने वर्ण के अनुसार पेशे को चुनना होगा। इसका अर्थ है कि उसे परंपरागत रूप में अपने पूर्वजों के पेशे को ही अपनाना पड़ेगा।''

***

महात्मा गांधी जानते हैं कि उनके अपने प्रांत गुजरात में किसी भी जाति ने कभी कोई सैन्य टुकड़ी नहीं बनाई। न तो वर्तमान विश्व युद्ध में ऐसा हुआ, न ही पिछले विश्व युद्ध में ऐसा हो पाया, जब गांधी गुजरात में भ्रमण कर ब्रिटिश साम्राज्यवाद के एजेंट के रूप में फौजियों की भरती का अभियान चला रहे थे।

***

कई लोग जाति व्यवस्था का समर्थन करते रहे हैं, मगर पहली बार मैं किसी को एक असामान्य तर्क का प्रयोग करते हुए देख रहा हूँ। ऐसी हालत में तो कोई पोंगापंथी भी कह उठेगा कि हमें गांधी से बचाओ। इससे पता चलता है कि महात्मा गांधी किस कदर हिंदू आदर्शों से जुड़े हुए हैं।

***

कौन कह सकता है कि स्वैच्छिक प्रणाली की तुलना में अपरिहार्य प्रणाली

अधिक कारगर साबित हुई है?

***

महात्मा गांधी ने कहा, ''मैं जाति के नियमों को लागू करने के लिए आया हूँ।''

***

जिस धर्म से वे बँधे हुए हैं वह उन्हें सम्मानजनक स्थान देने की जगह अस्पृश्य मानता है। उन्हें स्वाभाविक रूप से जीने का अवसर नहीं देता। आर्थिक रूप से अस्पृश्य लोगों को पूरी तरह सवर्ण हिंदुओं की दया पर निर्भर रहना पड़ता है और उनके पास जीविका का कोई स्वतंत्र मार्ग नहीं है। अस्पृश्यों के लिए हिंदुओं के पूर्वाग्रह के कारण सारे दरवाजे बंद हैं और हिंदू समाज ऐसे सभी दरवाजों को बंद कर देना चाहता है, जिनके जरिए दलित वर्ग का उत्थान संभव है।

***

इस तरह की परिस्थितियों में सुनियोजित दमन के कुचक्र से अस्पृश्यों को बचाने के लिए उनके पास राजनीतिक शक्ति का होना जरूरी है। इस तरह वे संकट की घड़ी में कम-से-कम अपना बचाव तो कर सकते हैं।

***

महात्मा आते रहे हैं और महात्मा जाते रहे हैं, लेकिन जो पहले अछूत थे वे आज भी अछूत ही बने हुए हैं।

***

अछूतों को पृथक् तत्त्व माना जाता है।

***

यह प्रस्ताव दलित वर्ग के लिए किस तरह लाभदायक साबित हो सकता है? संक्षेप में कहा जाए तो दलितों के हाथ-पैर बाँधकर उन्हें हिंदुओं के हवाले किया जा रहा है। उनके पास देने के लिए कुछ भी नहीं है।

***

उच्च जाति के हिंदुओं को असेंबली के लिए दलित वर्ग के प्रतिनिधियों को नामांकित करने का अधिकार दिया गया है। दलित वर्ग के ऐसे प्रतिनिधियों को उच्च जाति के हिंदू अपने हथियार की तरह इस्तेमाल करना पसंद करेंगे।

***

रोमन लोगों के पास दास थे, स्पार्टन लोगों के पास हेलोट थे, ब्रिटिश लोगों के पास वीलेन थे, अमेरिकियों के पास नीग्रो थे, जर्मन लोगों के पास यहूदी थे,

उसी तरह हिंदुओं के पास अपने अछूत हैं।

****

पहले अंग्रेजों ने सत्ता हथियाई, अब कांग्रेस सत्ता हथिया रही है।

****

एक कहावत है कि आदमी की कमीज की बजाय उसकी चमड़ी उसके अधिक नजदीक होती है।

****

भारत गाँवों के देश के रूप में जाना जाता है और ग्रामीण व्यवस्था में अछूतों को अलग-थलग रहने के लिए मजबूर करना आसान होता है। गाँव में अछूतों के लिए भेदभाव से बच पाना संभव नहीं होता। चूँकि ग्रामीण व्यवस्था अस्पृश्यता पैदा करती है, इसीलिए इस व्यवस्था को ध्वस्त करना आवश्यक है। अछूत अगर अलग-थलग हैं तो भौगोलिक और क्षेत्रीय रूप से भी उन्हें पृथक् पहचान मिलनी चाहिए। अछूतों के लिए अलग गाँव बसाए जाएँ, जहाँ ऊँच-नीच, स्पृश्य-अस्पृश्य का कोई भेदभाव न रह पाए।

****

वर्ग प्रणाली से समूह का जन्म होता है। इस बात से इनकार नहीं किया जा सकता कि हिंदुओं की सामाजिक संरचना भिन्न है, इसीलिए इसकी राजनीतिक संरचना भी भिन्न होनी चाहिए।

****

कई लोग युक्ति दरशाते हैं कि हिंदू समाज से जाति-व्यवस्था को समाप्त किया जा सकता है। मैं इस बात से सहमत नहीं हूँ। जो लोग इस तरह का तर्क देते हैं उन्हें लगता है कि जाति क्लब, नगर निकाय या देशी परिषद् जैसी ही किसी संस्था का नाम है। यह मानना भूल है। जाति धर्म है और धर्म एक संस्था है।

****

अछूतों से यह कैसे कहा जा सकता है कि वे अपने भाग्य का निर्णय करने का अधिकार ऐसे लोगों को सौंप दें, जो उनकी आशाओं-आकांक्षाओं का हमेशा विरोध करते रहे हैं, जो अछूतों के बीच मौजूद जीवनी शक्ति को मान्यता देने से इनकार करते रहे हैं, जो अपने पूर्वाग्रहों को बदल पाने में असमर्थ रहे हैं, जो अछूतों के साथ न्यायपूर्ण बरताव करने से इनकार करते रहे हैं और जिन्हें अछूतों के साथ अमानवीय बरताव करते हुए शर्म नहीं आती, चूँकि ऐसे बरताव को वे

धर्मसम्मत समझते हैं। ऐसे लोगों से बचाव के लिए अछूतों के पास राजनीतिक शक्ति का होना जरूरी है। सुरक्षा के लिए ऐसी माँग कर क्या अछूत कुछ गलत कर रहे हैं?

***

कुछ लोग अछूतों के लिए राजनीतिक अधिकार की माँग का विरोध कर रहे हैं और इसके लिए बेतुके तर्कों का सहारा ले रहे हैं। देश में जो मीडिया है वह जान-बूझकर अस्पृश्यों के हितों को नजरअंदाज करता रहा है। जब वे उपेक्षा करने में नाकाम रहते हैं तो किसी नेता को खरीद लेते हैं। जब कोई नेता बिकने के लिए तैयार नहीं होता तो वे उसकी तीखी आलोचना शुरू कर देते हैं, उसकी छवि को बिगाड़ना शुरू कर देते हैं, उसका भयादोहन करना शुरू कर देते हैं और उसे दबाने-खामोश कराने के लिए हर तरह के हथकंडों का इस्तेमाल करते हैं। जो भी नेता अस्पृश्यों के हक की लड़ाई लड़ रहा है, उसे राष्ट्र-विरोधी कहकर फटकारा जाता है।

***

हरिजन सेवक संघ गांधीजी के कई हथकंडों में से एक है, जिनके सहारे वे सफलता हासिल करते रहे हैं।

***

हिंदुओं की उच्च जातियों की संतानों ने अछूतों के साथ किए गए अपने पूर्वजों के दुर्व्यवहार को सुधारने के लिए क्या कदम उठाया है? आपको राजनीतिक आंदोलन में शामिल होने के लिए हजारों हिंदू युवक मिल जाएँगे, मगर जाति-प्रथा या अस्पृश्यता मिटाने के लिए आपको एक भी युवक नहीं मिल पाएगा।

कांग्रेसी इस बात को स्वीकार नहीं करेंगे कि अस्पृश्यों ने अपने खिलाफ कांग्रेसी अभियान को देखते हुए चुप रहकर देश-प्रेम का परिचय दिया है। अस्पृश्यों ने खामोशी का और टकराव टालने का रास्ता चुना है; मगर इससे गलतफहमी पैदा हुई है कि कांग्रेस अस्पृश्यों के साथ सभी समुदाय के लोगों का प्रतिनिधित्व करती है।

***

संसदीय लोकतंत्र से सावधान रहने की जरूरत है। यह वैसा उपयोगी नहीं है जैसा बाहर से प्रतीत होता है।

***

जहाँ सामाजिक और आर्थिक जनतंत्र नहीं होता, वहाँ राजनीतिक जनतंत्र

लागू नहीं हो सकता। कुछ लोग इस कथन पर सवालिया निशान लगा सकते हैं। ऐसे लोगों से मैं पूछना चाहता हूँ कि इटली, जर्मनी और रूस में संसदीय जनतंत्र आसानी से कैसे नष्ट हो गया? इंग्लैंड और अमेरिका में यह आसानी से नष्ट क्यों नहीं हुआ? इसका एक ही अहम कारण मुझे दिखाई देता है। इंग्लैंड और अमेरिका में बाकी तीन देशों की तुलना में आर्थिक और सामाजिक जनतंत्र मजबूत रहा है। संसदीय जनतंत्र को मजबूती प्रदान करने के लिए आर्थिक और सामाजिक जनतंत्र का मजबूत होना जरूरी है। जनतंत्र समता का ही दूसरा नाम है। संसदीय जनतंत्र लोगों में स्वतंत्रता के प्रति लगाव का भाव पैदा करता है।

***

प्रत्येक समुदाय का जो बौद्धिक वर्ग होता है उसके ऊपर अपने समुदाय के हितों की सुरक्षा की जवाबदेही होती है।

***

सन् 1942 में लॉर्ड लिनलिथगो ने 52 महत्त्वपूर्ण भारतीय प्रतिनिधियों को आमंत्रित किया। उनमें अनुसूचित जाति के प्रतिनिधि भी शामिल थे। वल्लभभाई पटेल को यह नागवार गुजरा कि वायसराय ने ऐसे छोटे लोगों को बैठक में भाग लेने के लिए आमंत्रित किया था।

***

अगर कोई व्यक्ति अपने पिता का देहांत होने के बाद गंगा नदी के किनारे पुरोहित की देखरेख में हिंदू धर्म के परंपरागत अनुष्ठानों को संपन्न करवाता है तो वह खुद को धर्मनिरपेक्ष नहीं कह सकता। पं. जवाहरलाल ने सन् 1931 में ऐसा ही किया, जब उनके पिता का देहांत हो गया।

***

कांग्रेस शिकायत करती रही है कि अंग्रेज भारत के लोगों का पूरी तरह नि:शस्त्रीकरण कर भारत पर शासन चलाते रहे हैं। मगर वह भूल जाती है कि उच्च वर्ग ने शूद्रों और अस्पृश्यों का नि:शस्त्रीकरण कर शासन चलाने की नीति अपनाई थी।

***

सिर्फ दक्षता को ही कसौटी नहीं माना जा सकता। अगर इसे कसौटी मान लिया जाए तो फ्रांसीसियों का काम जर्मन चला सकते हैं, तुर्कों का काम रूसी चला सकते हैं, चीनियों का काम जापानी चला सकते हैं। जो लोग अच्छे प्रशासन के

लिए दक्षता को ही कसौटी मानते हैं उन्हें फ्रांसीसियों, तुर्कों और चीनियों से इसके बारे में राय पूछनी चाहिए।

***

भारत का शासक वर्ग दक्षता को ही प्रशासन के लिए सबसे अनिवार्य गुण मानता है, चूँकि इस तर्क के जरिए वह अपने एकाधिकार को कायम रखना चाहता है।

***

भारत में शासक वर्ग और शोषित वर्ग के बीच गहरी खाई है।

***

आरक्षण की माँग का डिकी ने संकेत किया है, जिसका समर्थन मार्क्स ने किया और जिसे रूस ने लागू किया।

***

इससे जहाँ वंचित वर्ग के हितों की सुरक्षा सुनिश्चित होगी वहीं आनेवाले समय में शासक वर्ग से दूरी कम करने में भी मदद मिलेगी।

***

अस्पृश्यों के लिए मीडिया में कोई स्थान नहीं है। कांग्रेसी मीडिया का दरवाजा उनके लिए बंद है, जो उन्हें तनिक भी प्रचार देने के लिए तैयार नहीं हैं। अस्पृश्यों का अपना अखबार नहीं हो सकता, चूँकि विज्ञापन के बगैर अखबार चला पाना मुमकिन नहीं है।

□

धर्मांतरण क्यों?

धर्मांतरण का प्रश्न मेरी दृष्टि में बहुत ही महत्त्वपूर्ण बात है। इतना ही नहीं, हम दलित, शोषित, पीड़ित जनता का अगला भविष्य भी मेरी दृष्टि से धर्मांतरण की समस्या पर ही अवलंबित होने के कारण मुझे बहुत अधिक महत्त्वपूर्ण लगता है। इस प्रश्न की गंभीरता और महत्ता को आप सभी लोग अच्छी तरह समझ गए होंगे, यह कहने में अब मुझे कुछ भी संकोच नहीं होगा।

***

जब से हमने धर्मांतरण की घोषणा की है उस दिन से आज तक कई जगह पर छोटी-बड़ी मात्रा में सभा-गोष्ठियों का आयोजन कर अपने लोगों ने इस विषय पर अपना मत प्रदर्शित किया है। यह सभी लोग जानते भी हैं और सबसे सुना भी है, किंतु सब लोगों ने मिलकर, किसी एक जगह इकट्ठा होकर विचार-विमर्श द्वारा धर्मांतरण के प्रश्न की निर्णयात्मक और निश्चयात्मक चर्चा करने का अवसर आज तक हम सब लोगों को नहीं दिया था। ऐसे महत्त्वपूर्ण अवसर की आप सब लोगों से अधिक मुझे आवश्यकता थी। आप सभी लोगों को यह बात माननी पड़ेगी कि धर्मांतरण का आंदोलन सफल बनाने के लिए प्रारंभिक तैयारी की बड़ी आवश्यकता है।

***

धर्मांतरण कोई खेल नहीं, न तो यह मौज का या मनोरंजन का ही विषय है। यह तो संपूर्ण दलित समाज की जिंदगी और मौत का प्रश्न है; लेकिन जैसे नाविक को अपना जहाज एक बंदरगाह पर ले जाने के लिए जितनी मात्रा में प्रारंभिक तैयारी करनी पड़ती है, उतनी ही प्रारंभिक तैयारी धर्मांतरण के लिए भी करनी पड़ेगी। बगैर इस प्रकार की तैयारी किए एक नया किंतु मानवता से परिपूर्ण जीवन

प्राप्त करना कदापि संभव नहीं। नौका में कितने यात्री आने वाले हैं, इसका अंदाज किए बिना नाविक सफर की प्रारंभिक तैयारी नहीं कर सकते। बस, उसी प्रकार की मेरी भी स्थिति है। मेरे लिए धर्मांतरण की प्रारंभिक तैयारी के लिए तब तक जुट जाना संभव नहीं जब तक इस बात का सही अंदाजा न हो कि कितने लोग मेरे साथ धर्मांतरण करेंगे। जब तक हम लोगों द्वारा कहीं-न-कहीं इस प्रश्न पर सोच-विचार के लिए परिषद् का आयोजन नहीं होता तब तक जनमत जानने का अवसर प्राप्त ही नहीं हुआ होता।

***

महारों की ही परिषद् क्यों बुलाई गई और तमाम अछूत वर्ग की परिषद् क्यों नहीं बुलाई गई, इसके कई कारण हैं। इसमें पहला कारण यह है कि इस परिषद् में न तो हमें किसी भी प्रकार की माफी माँगनी है और न ही हिंदू लोगों से कुछ भी सामाजिक हक माँगने हैं । हमें अपने तमाम दलित भाइयों की जिंदगी और मनुष्यता के लिए क्या करना जरूरी है? हमें अपने जीवन-क्रम की रूपरेखा किस प्रकार से तय करनी चाहिए? केवल इतना ही प्रश्न इस परिषद् के सामने है। हमें लगता है कि यह प्रश्न हर दलित जाति और जनजातियों को स्वतंत्र रूप से सोचकर ही हल करना चाहिए। जिन कारणों के लिए मुझे सभी अछूत जातियों की संयुक्त सभा आयोजित करने की आवश्यकता महसूस नहीं हुई, उसमें यह एक कारण है। केवल महारों की ही परिषद् करने में दूसरा भी एक कारण है। धर्मांतरण की घोषणा के बाद आज करीब दस महीने का समय बीत चुका है। इस कालावधि में जन-जागृति का, समाज-प्रबोधन का कार्य बहुत कुछ हुआ है और अब मैं समझता हूँ कि जनमत आजमाने की आवश्यकता है। मुझे लगता है कि सबसे सरल और आसान उपाय वही है।

***

धर्मांतरण के प्रश्न को कृति में परिवर्तित करने के लिए प्रयास करना आवश्यक है। यह प्रयास करने के पहले वास्तव में दलित जनमत की तैयारी कहाँ तक है, इस बात का पूरा विश्वास कर लेना एकदम आवश्यक है। मेरी मान्यता है कि दलित समाज की प्रत्येक जाति को अपनी-अपनी जाति की सभाएँ आयोजित करके दलित जनता का विश्वास प्राप्त करना चाहिए। उसमें जो वास्तविकता उभरकर आएगी, इस प्रकार का स्वरूप आम अछूत वर्ग की परिषद् में न तो दिखाई देगा और न ही तमाम वर्ग के प्रति कुछ निश्चित निष्कर्ष पर पहुँच पाएँगे। चूँकि यदि हम तमाम अछूतों की परिषद् का नाम देकर भी परिषद् का आयोजन करते, तब भी

यह तमाम अछूतों की प्रतिनिधि स्वरूप की ही सभा न हो सकती थी, जिसमें तमाम दलित वर्ग के जनमत का पूरा विश्वास करना असंभव था। इसलिए केवल महार वर्ग की ही परिषद् आयोजित की गई है।

***

इस परिषद् में अन्य दलित अछूत जातियों को सम्मिलित न करने पर भी उनकी कुछ हानि होनेवाली नहीं है। यदि उनको धर्मांतरण करने की आवश्यकता महसूस न हो तो उनको इस सभा में सम्मिलित न करने के कारण उनको कुछ भी बुरा लगने का प्रश्न ही नहीं है और यदि उनको धर्मांतरण करने की आवश्यकता महसूस हो तो इस परिषद् में उनको सम्मिलित नहीं किया गया, इसलिए उनके धर्मांतरण करने में किसी भी प्रकार की कठिनाई नहीं होगी। जैसे महार लोगों की परिषद् आयोजित की गई है उसी प्रकार दलित अछूत वर्ग की हर जाति को अपनी-अपनी जाति की परिषदें आयोजित करके इस प्रश्न पर अपना जनमत जाग्रत् करने का और अपनी भावनाओं को पूरी तरह से व्यक्त करने का पूरा अवसर प्राप्त होगा। इसलिए मैं इन्हें सलाह देना चाहूँगा कि इस प्रकार की परिषद् उन्हें भी आयोजित करनी चाहिए। इस काम के लिए उन्हें मेरी ओर से जो भी सहायता चाहिए, मैं अवश्य करूँगा। यहाँ तक तो इस परिवार की केवल प्रारंभिक चर्चा ही हुई है।

***

धर्मांतरण का प्रश्न जितना महत्त्वपूर्ण है उतना ही गहन और गंभीर भी है। यह प्रश्न आम आदमी की बौद्धिक बातों की समझ से कोसों दूर है। उसी प्रकार आम आदमी को धर्मांतरण जैसे प्रश्न को समझा देना भी चाहिए, यह उतनी आसान बात नहीं है। इसके बावजूद जब तक आप सभी लोगों को धर्मांतरण का प्रश्न अच्छी तरह नहीं समझाया जा सकता, तब तक धर्मांतरण को अमल में लाना बहुत ही मुश्किल है, इस बात को मैं अच्छी तरह से जानता हूँ और इसलिए मैं जितनी सरलता से इस प्रश्न का विश्लेषण करूँगा, जितने आसान तरीके से और खुले रूप में आप सब लोगों के सामने रखूँगा, उतना ही आप अच्छी तरह समझ पाएँगे और मैं इसकी पूरी कोशिश करूँगा।

***

धर्मांतरण के प्रश्न पर दो दृष्टियों से विचार होना चाहिए। सामाजिक दृष्टि से विचार करना चाहिए, धार्मिक दृष्टि से भी विचार करना चाहिए। उसी प्रकार धर्मांतरण पर तात्त्विक दृष्टि से भी विचार करना चाहिए। किंतु किसी भी दृष्टि से

धर्मांतरण का विचार करने पर भी सबसे पहले अस्पृश्यता क्या बला है, उसका वास्तविक स्वरूप क्या है, इसको वास्तविक रूप में समझ लेना बहुत आवश्यक है। इस बात को बिना समझे आपको मेरी धर्मांतरण की घोषणा का अर्थ समझना संभव नहीं है। अस्पृश्यता क्या है और उसका सही स्वरूप क्या है, इसकी जानकारी आप लोगों को होनी चाहिए।

***

सरकारी पाठशालाओं में अपने बच्चों को पढ़ाई के लिए दाखिल करने का हक जताने के कारण, सार्वजनिक और सरकारी कुओं पर, तालाब और पनघट पर पानी भरने का हक जताने के कारण, बारात घोड़े पर ले जाने का हक जताने के कारण, जुलूस और मोर्च निकालने का, सभा और सम्मेलन कराने का हक जताने के कारण सवर्ण हिंदुओं द्वारा अछूत दलित वर्ग के साथ मारपीट करने की घटनाएँ सुबह से शाम तक और हमेशा ही होते रहने के कारण ये दृश्य सबकी आँखों के सामने हैं।

***

किंतु मारपीट करने के दूसरे कई कारण हैं, जिनका उल्लेख करने पर भारत के बाहर के लोगों को भी दु:ख होगा। अछूतों ने कीमती और अच्छे कपड़े पहने, इस कारण सवर्ण हिंदुओं द्वारा उनसे मारपीट किए जाने के असंख्य उदाहरण दिए जा सकते हैं। अछूतों द्वारा पानी भरने के लिए ताँबे और पीतल के बरतन उपयोग करने के कारण सवर्ण हिंदुओं द्वारा उनसे मारपीट किए जाने की असंख्य घटनाएँ दर्ज की जा सकती हैं।

***

अछूतों ने भूमि खरीदी, इस कारण सवर्ण हिंदुओं द्वारा उनके घर-मकान जलाए जाने की असंख्य घटनाएँ बताई जा सकती हैं। अछूतों के जनेऊ पहनने के कारण सवर्ण हिंदुओं द्वारा उन्हें मारने-पीटने की असंख्य घटनाएँ हैं। मरे हुए जानवर न उठाने के कारण सवर्ण हिंदुओं द्वारा उन्हें मारने-पीटने के अनगिनत उदाहरण दिए जा सकते हैं।

***

अछूतों द्वारा अपने पाँवों में जूते और जुराब पहनकर गाँव के भीतर से जाने के कारण, रास्ते में मिले सवर्ण हिंदुओं को झुककर सलाम नहीं करने के कारण, शौच के लिए ताँबे का लोटा ले जाने के कारण उन पर अमानवीय अत्याचार किए जाने की दर्द भरी अनगिनत कहानियाँ हैं। अछूतों द्वारा अपने समाज के पंचों के

भोज में रोटी परोसने के कारण सवर्ण हिंदुओं द्वारा उनके भोज को ही बरबाद करने की एकदम नई घटना है।

~***~

जुल्म और अत्याचार सवर्ण हिंदुओं द्वारा अस्पृश्य समाज पर सदियों से हो रहे हैं और अब भी इस प्रकार के जुल्म होने की अनगिनत घटनाएँ हैं। सवर्ण हिंदुओं द्वारा अमानवीय व्यवहार करने की कई घटनाएँ आपके सुनने में नहीं बल्कि देखने और स्वयं भोगने में भी आई होंगी। जहाँ सवर्ण हिंदुओं द्वारा अछूतों को मारना-पीटना संभव नहीं होता, वहाँ उन्होंने आपके विरुद्ध बहिष्कार के हथियार का कैसे उपयोग किया, इसका भी आप लोगों को अच्छा-खासा अनुभव होगा।

~***~

सवर्ण हिंदू पूरी कोशिश करते हैं कि अछूतों को पूरी मजदूरी न मिलने पाए। आपके पशुओं को जंगल में से होकर नहीं जाने दिया जाता। गाँव में अछूतों को नहीं जाने दिया जाता। इस तरह सवर्ण हिंदुओं द्वारा आपके लोगों को परेशान करने की घटनाएँ आप में से अधिकांश लोगों को मालूम होंगी ही; किंतु इस तरह के अन्याय अपने ही समाज पर क्यों होते हैं? इसके मूल में ऐसे कौन से कारण हैं? ऐसा कौन सा रहस्य छिपा हुआ है? इस बात को आप में से बहुत ही कम लोगों ने समझ पाया होगा; किंतु मेरी दृष्टि में इस बात को समझ लेना, इसको जानना बहुत आवश्यक है।

~***~

उपर्युक्त वर्ग कलह की जो घटनाएँ दी गई हैं, उनसे व्यक्ति की अच्छाई और बुराई का कुछ भी संबंध नहीं है। इन दोनों घटनाओं का आपसी संबंध नहीं है। छुआछूत का प्रश्न वर्ग कलह का प्रश्न है। वह कलह सवर्ण और अछूत—इन दो समाजों का है। एक समाज पर दूसरे समर्थ समाज द्वारा हो रहे अतिक्रमण का यह प्रश्न नहीं है बल्कि एक वर्ग द्वारा दूसरे वर्ग पर जबरदस्ती किए जा रहे अतिक्रमण, जुल्म, शोषण तथा उत्पीड़न का प्रश्न है।

~***~

यह वर्ग कलह सामाजिक दर्जे से संबंधित वर्ग कलह है। तथाकथित एक ऊँचे वर्ग को दूसरे दलित वर्ग से व्यवहार करते समय अपना व्यवहार कैसे रखना चाहिए, इससे संबंधित यह वर्ग कलह है। इस वर्ग कलह की जो उपर्युक्त घटनाएँ दी गई हैं, उनसे जो एक समस्या स्पष्ट रूप से सिद्ध हो रही है, वह यह है कि आप

लोग परंपरागत ऊपरी वर्ग से व्यवहार करते समय बराबरी के, समानता के रिश्ते से व्यवहार करने का आग्रह करते हैं, इसलिए यह वर्ग कलह उत्पन्न होता है। यदि ऐसा नहीं होता तो रोटी की मेजबानी देने के कारण, अच्छे और कीमती कपड़े पहनने के कारण, जनेऊ पहनने के कारण, ताँबे और पीतल के बरतन में पानी भरने के कारण, घोड़े पर बारात ले जाने के कारण, वह ऊँचे वर्ग के किसी भी व्यक्ति को हानि नहीं करता है, अपना ही रुपया-पैसा खर्च करता है। तब भी ऊँचे वर्ग को उसके इस व्यवहार के प्रति जलन, द्वेष और दर्द क्यों होना चाहिए?

***

इस जलन और क्रोध का एक ही कारण है और वह यह कि इस तरह का समता का व्यवहार सवर्णों की मानहानि का कारण है। वे मानते हैं कि आप निम्न वर्ग के हैं, अपवित्र हैं। निम्न दर्जे में ही आप रहें, तब तो आप लोगों को सुख व शांति से रहने देंगे, अन्यथा नहीं। आपने अपने परंपरागत स्तर से उठने की कोशिश की तो आपके विरुद्ध कलह की आग भड़कने लगती है। सवर्ण हिंदुओं के दिल में आपके प्रति आग के शोले भड़क उठते हैं।

***

एक बात अब निर्विवाद रूप से सिद्ध हो चुकी है, वह यह कि अस्पृश्यता नैमित्तिक न होकर नित्य की चीज है और सदियों से चलती आ रही है। यही बात स्पष्ट रूप से कहनी हो तो यह कहा जा सकता है कि यह सवर्ण और अछूत वर्गों का नित्य कलह है और यह हमेशा के लिए रहनेवाला है। जिस धर्म के कारण आप लोगों को इतना निम्न दर्जा दिया गया है, वह धर्म ऊँचे वर्ग के कथनानुसार सनातन है। उसमें किसी भी प्रकार से समयानुकूल परिवर्तन नहीं हो सकता है। आज आप लोग जिस निम्न दर्जे के हैं, उसी प्रकार आपको हमेशा के लिए ही निम्न दर्जे का रहना चाहिए।

***

इसका अर्थ यह है कि सवर्ण और अछूत इनमें यह कलह, यह वर्ग संघर्ष स्थायी रूप से रहनेवाला है। इस वर्ग कलह, वर्ग संघर्ष से आप लोगों का कैसे बचाव हो, यही मुख्य प्रश्न है और इस प्रश्न का विचार किए बिना आप लोगों के पास अन्य रास्ता नहीं है, यह मेरी स्पष्ट धारणा है। जिन्हें स्वाभिमान की जिंदगी से प्रेम हो, जिनको मानवता और मनुष्यता से प्रेम हो; जिन्हें समता, बंधुता, स्वतंत्रता और न्याय का जीवन आवश्यक लगता हो, उनके लिए इस प्रश्न पर विचार किए बिना कोई अन्य रास्ता नहीं है। किस तरह से इस वर्ग कलह से अपना बचाव किया

जा सकता है, इसका विचार करना अति आवश्यक है। इस वर्ग कलह से अपना बचाव कैसे होगा? इस प्रश्न का निर्णय करना मैं समझता हूँ, मेरे लिए कोई असंभव बात नहीं।

***

यहाँ एकत्र हुए आप सभी लोगों को इस एक बात को स्वीकार करना पड़ेगा, और वह यह कि किसी भी कलह में, संघर्ष में, जिनके हाथ में सामर्थ्य होता है, उन्हीं के हाथ में जय होती है। जिनमें सामर्थ्य नहीं है उन्हें अपनी विजय की आशा रखना बेकार बात है। यह बात आप सबको अनुभव से सिद्ध हो चुकी है। इसके समर्थन में और अन्य आधार खोजने की बात बेकार है। इसलिए तमाम दलित वर्ग को अब अपने हाथों में सामर्थ्य और शक्ति को इकट्ठा करना बहुत ही जरूरी है। अब उन्हें अपनी शक्ति का, अपने संगठन-सामर्थ्य का प्रदर्शन करने की नितांत आवश्यकता है।

***

इसके बाद का प्रश्न जिस पर आप लोगों को गंभीरता से सोचना है, वह यह है कि इस वर्ग कलह से मुक्ति पाने के लिए आपके पास आवश्यक सामर्थ्य है या नहीं? मनुष्य समाज के पास तीन प्रकार की सामर्थ्य होती है—एक है जन-बल अर्थात् संगठन की शक्ति। दूसरी है धन-बल, और तीसरी है मानसिक बल अर्थात् आत्मविश्वास और बुद्धि। मानव समाज के पास यह तीन तरह का बल होता है। इसमें से किस प्रकार का बल आपके पास उपलब्ध है? आपको अपने बारे में क्या लग रहा है?

***

आप लोग मनुष्य बल की दृष्टि से अल्पसंख्यक हैं यह बात एकदम स्पष्ट है। बंबई क्षेत्र में अछूत वर्ग की जनसंख्या 2/8 के बराबर है, और वह भी संगठित नहीं है। उनमें आपसी जाति-भेद के कारण संघ शक्ति का पूरी तरह से अभाव है। फिर संगठित भी नहीं। इतना ही नहीं, बल्कि इकट्ठे भी नहीं रहते हैं। ये सब लोग गाँव-देहात में बिखरे हुए हैं। इस कारण जो भी थोड़ी-बहुत जनसंख्या है, उसका भी अत्याचार और अन्याय से पीड़ित अछूत वर्ग की बस्ती के लिए किसी भी प्रकार का उपयोग नहीं हो सकता।

***

धन-बल की दृष्टि से देखा जाए तो आप लोगों का वही हाल है। आपके पास थोड़ा-बहुत जन-बल तो है, किंतु आपके पास धन-बल कुछ भी नहीं है। आप लोगों का न कोई उद्योग-धंधा है और न ही कोई व्यापार है। नौकरी-पेशा भी

आप लोग नहीं हैं और न कोई जमीन-जायदाद ही है। आप लोग न तो अच्छा खाना खा सकते हैं और न ही अच्छी तरह से रहने के लिए आपके पास कोई मकान है। न ही अच्छा कपड़ा-लत्ता पहनने को मिलता है और न लेने दिया जाता है।

~***~

आपके पास धन-बल की बात तो एक तरफ रही, यदि आप पर जुल्म और अन्याय हुआ तो कोर्ट से न्याय और संरक्षण माँगने की हैसियत आपके पास कहाँ है? आपमें से हजारों-लाखों लोग कोर्ट का खर्चा बरदाश्त करने की हैसियत नहीं होने के कारण सवर्ण हिंदुओं द्वारा होनेवाले अतिक्रमण, रोष और अत्याचार को मुर्दों की तरह बरदाश्त कर रहे हैं। मानसिक बल की तो उससे भी बुरी हालत है।

~***~

सैकड़ों सालों से सवर्ण हिंदुओं द्वारा हो रहे अत्याचार, धिक्कार मुर्दों की तरह सहन करने के कारण प्रतिकार करने की शक्ति और हिम्मत पूरी तरह से नष्ट हो चुकी है। आप लोगों के आत्मविश्वास, उत्साह और महत्त्वाकांक्षी होने की चेतना का मूलोच्छेद कर दिया गया है। आप सभी लोग निराशा, नाउम्मीद, विपन्न और निस्तेज बना दिए गए हैं, बन चुके हैं। निराशा का वातावरण चारों ओर फैला हुआ है। किसी के दिल-दिमाग में 'हम भी कुछ कर सकते हैं', इस तरह का विचार पैदा ही नहीं हो रहा है और न कोई सोचता है और न किसी में इस तरह के विचार आ सकते हैं।

~***~

मैंने वास्तविकता का यह जो विश्लेषण किया है, यदि यह सत्य है तो उससे जो सिद्धांत निकलेगा, उसे भी आप लोगों को स्वीकार करना होगा और वह यह है कि आप अपने ही व्यक्तिगत सामर्थ्य पर निर्भर रहेंगे तो आपके लिए इस अन्याय का प्रतिकार करना संभव नहीं है। आप लोगों के सामर्थ्यहीन होने के कारण ही आप लोगों पर अत्याचार और अन्याय होता है, इसमें मुझे किसी भी प्रकार का संदेह नहीं है।

□

भारत-विभाजन

आक्रामक साम्राज्यवाद के खिलाफ आजादी की लड़ाई रह रहे राष्ट्रवादी एक आक्रामक बहुसंख्यक के राष्ट्रवाद से आजादी की माँग कर रहे अल्पसंख्यकों के अधिकारों को नकारने के लिए ब्रिटिश साम्राज्यवादियों से मदद की माँग नहीं कर सकते। इस मुद्दे को हिंदुओं और मुसलमानों को आपस में बात कर सुलझाना होगा। ब्रिटिश उनके इस मुद्दे का फैसला नहीं कर सकते। यह पहला अहम बिंदु है, जिस पर गौर करने की जरूरत है।

~***~

यह मानना बहुत बड़ी गलती होगी कि अगर अभी पाकिस्तान की माँग को दबा दिया गया तो वह फिर कभी सिर नहीं उठाएगी। मैं यकीन के साथ कह सकता हूँ कि माँग को दबाने से पाकिस्तान का प्रेत पीछा करना नहीं छोड़ेगा।

~***~

हिंदुओं की युक्तियों में कई त्रुटियाँ हैं। जो पहली दलील दी गई है कि दोनों पक्षों के बीच समानता है, वह एक-दूसरे के साथ समन्वय करने के किसी जागरूक प्रयत्न का नतीजा नहीं है। अगर कोई समानता दिखाई देती भी है तो उसके पीछे कुछ यांत्रिक कारण हैं। ऐसा अपूर्ण धर्मांतरण के कारण भी है। भारत जैसे देश में निचली जाति के हिंदुओं का धर्मांतरण किया गया। इस तरह का धर्मांतरण कभी प्रभावशाली साबित नहीं हो पाया। शायद विद्रोह के डर से पूरी आबादी को मुसलिम बनाने का कभी प्रयास नहीं किया गया या फिर उस समय जिन मौलवियों ने धर्मांतरण की प्रक्रिया को संपन्न करवाया, वे असरदार तरीके से अपनी भूमिका का निर्वाह कर पाने में सफल नहीं हो पाए। यही वजह है कि मुसलमानों का एक बड़ा तबका अपने हिंदू मूल का उल्लेख करता रहता है और अपने धार्मिक व सामाजिक जीवन

में इस बात का परिचय भी देता रहता है। सदियों से एक ही माहौल में हिंदू और मुसलमान रहते आए हैं। समान परिवेश में रहने से प्रतिक्रियाओं में भी समानता होना स्वाभाविक है। कुछ समानता के पीछे अकबर कालीन धार्मिक समरसता के प्रयत्नों को माना जा सकता है।

***

क्या कोई ऐसी ऐतिहासिक घटना या विरासत है, जिसे लेकर हिंदू और मुसलमान समान रूप से गर्व महसूस करते हों? यही अहम सवाल है, जिसका जवाब हिंदुओं को देना चाहिए, अगर वे हिंदू और मुसलमानों को मिलाकर एक देश बनाना चाहते हैं। अब तक दोनों का रिश्ता सशस्त्र सैन्य टुकड़ियों जैसा रहा है, जो आपस में लड़ती रहती हैं। किसी साझी उपलब्धि में दोनों पक्षों की साझी प्रतियोगिता दिखाई नहीं देती। उनका अतीत शत्रुतापूर्ण रहा है। दोनों के बीच राजनीति के साथ-साथ धार्मिक क्षेत्र में भी टकराव होता रहा है।

***

इतिहास बताता है कि राष्ट्रीयता का सिद्धांत लोगों की इच्छा की संप्रभुता के जनतांत्रिक सिद्धांत से जुड़ा होता है। इसका मतलब है कि किसी राष्ट्र के निर्माण की माँग करने के लिए किसी तरह की शिकायत जरूरी नहीं होती। इसे तर्कसंगत ठहराने के लिए लोगों की इच्छा ही पर्याप्त होती है।

***

लेकिन, अपने दावे के लिए अगर उन्हें शिकायतें दर्ज करनी पड़ें, तो मुसलमानों के पास ढेर सारी शिकायतें हैं। उन्हें एक वाक्य में व्यक्त किया जा सकता है—हिंदू बहुसंख्यकों के जुल्म से बचा पाने में संवैधानिक सुरक्षा नाकाम साबित हुई है।

***

अंग्रेजों ने भारत में भारतीयों के हित में काफी अच्छे कदम उठाए हैं। उन्होंने सड़कें बनाईं, नहरों का निर्माण किया, रेल सेवा का विकास किया, एक व्यवस्था का प्रचलन शुरू किया, तार संदेश पहुँचाना शुरू किया, मुद्रा में सुधार किया, माप-तौल का सही निर्धारण किया। भूगोल, अंतरिक्ष विज्ञान और औषधि-शास्त्र के ज्ञान का प्रसार किया। अंदरूनी कलह को शांत कर कुछ हद तक उनकी भौतिक उन्नति की। क्या अच्छे प्रशासन के बदले भारतीयों से कहा जाएगा कि कृतज्ञतावश वे अंग्रेजों का विरोध करना छोड़ दें और अपने आंदोलन को वापस ले लें?

***

जो मनुष्य अपने अस्तित्व को लेकर जागरूक होता है वह पशु की तरह

सिर्फ अपना पेट भरने की चिंता नहीं करता। ऐसे मनुष्य के पास अपना स्वाभिमान होता है, जिसे धन-दौलत से भी नष्ट नहीं किया जा सकता।

***

यह कहने से कोई फायदा नहीं कि कांग्रेस एक हिंदू संगठन नहीं है। यह हिंदुओं का ऐसा संगठन है, जो अपने धर्म के नजरिए को उजागर करता है और जो अपने धर्म की आकांक्षाओं का समर्थन करता है। कांग्रेस और हिंदू महासभा के बीच यही अंतर है कि महासभा का रवैया अनुदार है, वहीं कांग्रेस नम्र बरताव करती है। इन बातों को छोड़कर कांग्रेस और हिंदू महासभा के बीच कोई अंतर नहीं है।

***

भारत पर जब अंग्रेजों ने कब्जा कर लिया तो दो समुदायों की स्थिति में एक किस्म का राजनीतिक बदलाव आया। छह सौ सालों से मुसलमान हिंदुओं पर राज करते आ रहे थे। अंग्रेजों का राज स्थापित होते ही मुसलमानों को हिंदुओं के बराबर का ओहदा दिया गया। मालिक से नौकर बनना शर्म की बात थी। अगर अब उन्हें हिंदुओं का आज्ञा-पालक बनना पड़े तो यह और भी अपमानजनक बात होगी। मुसलमान पृथक् राष्ट्र बनाकर इस तरह के अपमान से बचना चाहते हैं।

***

भारत पर हमला करते समय अफगान तातार को नष्ट कर देना चाहते थे और मुगल तातार के साथ-साथ अफगानों को नष्ट कर देना चाहते थे। उनमें इसलामी भ्रातृत्व की भावना के चलते किसी तरह का मैत्रीपूर्ण संबंध नहीं था। वे एक-दूसरे के कट्टर प्रतिद्वंद्वी थे और अकसर एक-दूसरे के खिलाफ खूनी जंग छेड़ते रहते थे। लेकिन गौर करने की बात है कि हिंदुओं की आस्था को ध्वस्त करने के उद्देश्य को लेकर उनके बीच गजब की एकता थी।

***

इसमें कोई संदेह नहीं कि मुसलमान हमलावर हिंदुओं के खिलाफ नफरत की भावना लेकर भारत में आए थे। मगर वे केवल नफरत की भावना साथ लेकर कुछ मंदिरों को नष्ट करके ही वापस नहीं लौट गए थे। वे केवल नकारात्मक नतीजे ही नहीं चाहते थे। उन्होंने इसलाम के बीज बिखेरकर सकारात्मक कदम भी उठाया था। उस पौधे की वृद्धि अनोखी कही जा सकती है।

***

इस बात को स्वीकार करना पड़ेगा कि पाकिस्तान का निर्माण हो जाने के बाद भी भारत में सांप्रदायिकता का मसला मौजूद ही रहेगा। बँटवारे के समय अगर आबादी का आदान-प्रदान नहीं किया गया तो पाकिस्तान बन जाने के बावजूद भारत में अल्पसंख्यक बनाम बहुसंख्यक की समस्या बनी ही रहेगी।

***

दुर्भाग्य की बात है कि सवर्ण हिंदू नेता के रूप में भी फिसड्डी ही साबित होते हैं। वे दूसरों के साथ जीवन की सुखद चीजों को बाँटना पसंद नहीं करते। वे धन और शिक्षा पर एकाधिकार को कायम रखना चाहते हैं। धन और शिक्षा की सहायता से ही उन्होंने शासन पर वर्चस्व बनाए रखा है। वे अपने इस एकाधिकार को भविष्य में भी बनाए रखना चाहते हैं और यही उनके जीवन का मकसद भी होता है। अपना वर्चस्व कायम रखने के लिए वे दलित वर्ग को धन, शिक्षा और सत्ता से बाहर रखना चाहते हैं। ऐसा करने के लिए वे हर तरह के हथकंडों का इस्तेमाल करते हैं।

***

बंगाल और पंजाब के हिंदुओं को विचार करना चाहिए कि वे किस विकल्प को चुनना पसंद करेंगे। मुझे लगता है कि वह समय आ गया है कि बंगाल और पंजाब के सवर्ण हिंदुओं को बता देना चाहिए कि अगर रोजगार के समृद्ध क्षेत्र से वंचित हो जाने के डर से वे पाकिस्तान के निर्माण का विरोध कर रहे हैं तो बहुत बड़ी गलती कर रहे हैं। स्थान और सत्ता पर उनका अब तक जो एकाधिकार था, अब वह कायम नहीं रहनेवाला है। वे राष्ट्रवाद के नाम पर अस्पृश्यों को धोखा दे सकते हैं, मगर मुसलिम प्रांतों में वे मुसलमानों की आँखों में धूल नहीं झोंक सकते; जैसा लिंकन ने कहा था कि 'आप हमेशा लोगों को बेवकूफ नहीं बना सकते।'

***

जहाँ कानून का राज होता है वहाँ हत्यारों को सजा मिलती है। गण्यमान्य मुसलमानों ने कभी मुसलिम अपराधियों की निंदा नहीं की है; बल्कि वे धार्मिक शहीद के रूप में वे उन्हें महिमा-मंडित करते रहे हैं और उन्हें सजा से बचाने के लिए आंदोलन चलाते रहे हैं। उनके इस रवैये के उदाहरण के रूप में लाहौर के वकील बरकत अली का उल्लेख किया जा सकता है, जिन्होंने अब्दुल कयूम को बचाने के लिए मुकदमा लड़ा था। बरकत अली ने तर्क दिया कि कयूम नाथूरमल के समान हत्यारा नहीं था। चूँकि उसने जो गुनाह किया, वैसे गुनाह को 'कुरान'

की मंजूरी मिली हुई है। मुसलमानों के ऐसे रवैये को आसानी से समझा जा सकता है। केवल महात्मा गांधी का रवैया समझ में नहीं आता। वे इस मसले पर खामोश बने हुए हैं।

***

तुर्की और चेकोस्लाविया के घटनाक्रम का गहन विश्लेषण करने से स्पष्ट होता है कि स्थानीय स्वायत्तता या धर्म का बंधन ही राष्ट्रवाद को मजबूत बनाने के लिए पर्याप्त नहीं है।

***

बाल विवाह जैसे मामलों में क्या मुसलमानों की स्थिति हिंदुओं से बेहतर मानी जा सकती है?

***

मुसलिम स्त्रियों को पर्याप्त अधिकार मिले हुए हैं और काफी हद तक स्वतंत्रता भी मिली हुई है।

***

वे कहते हैं कि मुसलिम कानून में शादी की कोई उम्र निर्धारित नहीं की गई है और लड़कियों की शादी के लिए उनकी सहमति को जरूरी माना गया है। अगर बचपन में किसी लड़की की शादी हो जाती है तो वयस्क होने पर अपने पति को अस्वीकार करने का अधिकार उसके पास होता है।

***

मुसलमानों की शादी एक अनुबंध की तरह है। अनुबंध होने के कारण पति को अपनी पत्नी को तलाक देने का अधिकार होता है। वहीं स्त्रियों के हितों की सुरक्षा के लिए भी व्यापक प्रावधान रखा गया है।

□

पत्रों में व्यक्त विचार

आपको याद रखना चाहिए, जो शेक्सपियर ने कहा है, 'इनसानों के जीवन में उतार-चढ़ाव आता है। उससे लड़कर यदि इस बाढ़ को पार कर लिया तो किस्मत बन जाती है और यदि नजरअंदाज कर दिया तो उनके जीवन का सफर उथला हो जाता है और कष्टों से घिर जाता है।' यह जमादारों और सूबेदारों के बच्चों पर खासतौर से लागू नहीं होता, जिनको रेखांकित करके हम उनकी गिनती कर सकें। फिर भी उसका दोष मैं उनके अभिभावकों को देना चाहता हूँ, न कि उन बच्चों को, जैसे कि वे भी अभागे हैं। हमें इस धारणा को छोड़ देना चाहिए कि अभिभावक बच्चे को 'जन्म' देते हैं, न कि 'कर्म'। वे अपने बच्चों का भाग्य भी बदल सकते हैं और यदि हम केवल इस सिद्धांत का अनुसरण करते हैं, तब हमें निश्चित रूप से मान लेना चाहिए कि हम जल्द ही बेहतर दिन देखेंगे और हमारी प्रगति और बढ़ जाएगी।

***

आप मुझसे सहमत होंगे, यदि मैं यह कहूँ कि भारत जैसा देश सामाजिक, आर्थिक और राजनीतिक रूप से बुरी तरह जकड़ा हुआ है। अब समय की सर्वश्रेष्ठ माँग यह है कि ईमानदार नेतागण इसके पुनर्निर्माण का पूर्ण उत्तरदायित्व अपने ऊपर लें। ऐसे नेता की झलक मुझे सर्वश्री गोखले और पी.एम. मेहता में दिखाई दी थी, जिन्होंने अपने उद्‌देश्य-प्राप्ति हेतु उत्साह दरशाया एवं बलिदान दिया, दोनों ही अत्यंत धन्यवाद के पात्र हैं। लोगों के साथ उनकी पहचान और उनमें निर्भरता इतनी प्रगाढ़ थी कि उनकी अकस्मात् मृत्यु कुछ क्षणों के लिए प्रकृति का छल लगी थी। उनके प्रति आभार यह है कि उन्होंने हमारी बहुत सी समस्याओं को सुलझाने के लिए संघर्ष किया। उनमें से कुछ को सुलझा लिया गया और शेष के लिए हम लोगों को

सामना करने के लिए छोड़ दिया। किंतु उनके द्वारा किए गए कार्यों के प्रति अपनी भावनाओं को हम लोगों ने आनेवाले समय में किए जानेवाले काम के लिए पूरी तरह से अपने को अलग करके रख लिया—फिर भी हम लोग उनके लिए आभार प्रकट करते हैं।

***

यह स्वाभाविक है कि उनकी स्मृतियों को ताजा रखने के लिए उनके स्मारक बनाने चाहिए, जिन्होंने हमारे लिए हमारी आज की समस्याओं का सामना करते हुए निस्स्वार्थ भाव से कड़ी मेहनत की है।

***

भारत के समाचार-पत्र, जो मेरे पढ़ने में आए हैं, वे बताते हैं कि मिस्टर गोखले का स्मारक इंडियन सोसायटी के सेवकों की शाखाएँ विभिन्न स्थानों पर स्थापित करना चाहती हैं। जबकि सर पी.एम. मेहता का स्मारक बंबई म्युनिसिपल ऑफिस के सामने एक पुतले के रूप में खड़ा हुआ है।

***

मैं व्यक्तिगत रूप से कहना चाहता हूँ कि सर पी.एम. मेहता का यह स्मारक उनके सम्मान व गरिमा के मुकाबले बहुत ही मामूली और छोटा है। मैं उनके इस स्मारक को अच्छा तभी मानता जब यह आनेवाली पीढ़ियों के लिए स्थायी रूप से भी उपयोगी होता।

***

इन दो उद्देश्यों को साथ में मिलाते हुए मैं नम्रतापूर्वक यह विचार करने का प्रस्ताव करता हूँ कि सर पी.एम. मेहता का स्मारक बंबई में एक सार्वजनिक पुस्तकालय के रूप में होना चाहिए और उसका नाम हो 'सर फिरोजशाह मेहता लाइब्रेरी'।

***

बड़ा दुर्भाग्य है कि अभी तक हम पुस्तकालय का मूल्य नहीं समझ पाए हैं, जबकि यह समाज की उन्नति और प्रगति की संस्था होती है। उसकी अच्छाइयों को विस्तार से बताने के लिए यह जगह नहीं है। बंबई के प्रबुद्ध जनसाधारण एक अच्छे पुस्तकालय के लिए लंबे समय से तरस रहे हैं। इसमें निराश होने जैसी कोई बात नहीं, समय से पहले सुधार करना अच्छा रहता है।

***

बंबई में कुछ निजी पुस्तकालय हैं, जो कुछ लोगों द्वारा व्यक्तिगत रूप से

चलाए जा रहे हैं। यदि वे अव्यवस्थित संस्थाएँ सर पी.एम. मेहता स्मारक फंड से उनके नाम से एक ही इमारत में लामबंद हो जाएँ तो बंबई शहर इन दोनों उद्देश्यों को प्राप्त कर लेगा। जहाँ तक किताबें खरीदने के लिए फंड और आधुनिक प्रबंधन का सवाल है, मुझे विश्वास है कि यहाँ के लोग उदारता से दान दे देंगे।

***

मैं अमेरिका के बड़े विश्वविद्यालयों में से एक का विद्यार्थी होने के नाते यह विश्वास करता हूँ कि पुस्तकालय एक ऐसी जगह होती है, जहाँ लोगों के बौद्धिक एवं सामाजिक विकास और प्रतिभा में वृद्धि होती है। मुझे बड़े दुःख के साथ यह कहना पड़ रहा है कि बंबई शहर में इसकी कमी है। अतः इस सुअवसर का लाभ उठाते हुए मैं बंबई की जनता से प्रार्थना कर रहा हूँ कि आधुनिक भारत के इस महानायक का सुव्यवस्थित एवं स्थायी स्मारक बनाने का पुण्य कार्य करें।

***

'मूकनायक' समाचार-पत्र की व्यवस्था ही लीजिए। मेरी कितनी हानि हुई, मैंने कितने कष्ट झेले व उत्तरदायित्व लिया। इतना अन्य किसी ने नहीं किया। तब भी घोलप के 'अपना नया वर्ष' नामक अग्र लेख में मेरे नाम का उल्लेख भी नहीं है। उन्होंने स्वयं की और भटकर की तारीफ की है, परंतु इस बात का मुझे लेशमात्र का भी खेद नहीं है। 'मूकनायक' चल रहा है, इसमें ही मुझे संतोष है।

***

ऐसा आचरण यदि रखेंगे तो विवाद के लिए कोई कारण उपजेगा, ऐसा मुझे नहीं लगता है। जाति-द्वेष या अन्य किसी कारण से कुछ लोग आपको अपमानित करते हैं तो इसका मुझे बहुत दुःख है। ईर्ष्या करनेवाले लोगों से निभाना बहुत कठिन होता है, यह मैं जानता हूँ; फिर भी ईर्ष्या का कारण न बनें, ताकि बातें जिस स्तर पर आज पहुँची हैं, उस स्तर तक न पहुँचें।

□

संविधान विषयक विचार

मुझे नहीं लगता कि संविधान तैयार करने के लिए किसी संविधान सभा की कोई आवश्यकता है। भारत के संविधान के विषय में काफी कुछ भारत सरकार अधिनियम, 1935 में पहले से ही लिखा जा चुका है। ऐसा लगता है कि संविधान सभा की नियुक्ति मात्र उपलब्ध संविधान की नकल करने के लिए ही की गई है। जरूरी यह है कि हम भारत सरकार अधिनियम, 1935 के उन अनुच्छेदों को हटाएँ, जो हमारे प्रभुता-संपन्न राष्ट्र के लिए गैर-जरूरी हैं।

~***~

प्रारूप समिति को संविधान तैयार करने का दायित्व संविधान सभा के निर्देश पर दिया गया था। हमें विभिन्न समितियों; जैसे—केंद्रीय सत्ता समिति, संविधान समिति, प्रांतीय संविधान समिति तथा मूलभूत अधिकारों, अल्पसंख्यकों, जनजातीय क्षेत्रों हेतु सलाहकार समितियों द्वारा प्रस्तुत रिपोर्टों के आधार पर संविधान सभा के आदेश पर संविधान की रचना करनी थी। मैं आशा करता हूँ कि प्रारूप समिति ने उसे दिए गए निर्देशों के अनुसार ईमानदारीपूर्वक अपने दायित्व का निर्वहण किया है।

~***~

मैं यहाँ संविधान सभा में कोई बड़ी महत्त्वाकांक्षा लेकर नहीं आया था। मेरा यहाँ आने का एकमात्र उद्‌देश्य अनुसूचित जातियों के हितों के संरक्षण की बात उठाना था। मुझे कल्पना में भी यह विश्वास नहीं था कि मुझे सर्वाधिक महत्त्वपूर्ण दायित्व सौंपे जाने के लिए बुलाया गया है। यह देखकर मुझे और भी आश्चर्य हुआ कि संविधान सभा ने मुझे प्रारूप समिति में चुना। इससे भी अधिक आश्चर्य मुझे तब हुआ, जब प्रारूप समिति ने मुझे अपना अध्यक्ष चुन लिया।

~***~

कानून मंत्री बनाए जाने का प्रस्ताव मेरे लिए बड़े आश्चर्य की बात है। मैं विपक्षी गुट में था और अगस्त 1946 में अंतरिम सरकार के गठन के समय से ही सरकार की

असमता पर प्रहार कर रहा था। मुझे यह अनुमान अभी भी लगाना है कि ऐसा क्या हो गया, जिससे प्रधानमंत्रीजी के मन में मेरे प्रति परिवर्तित दृष्टिकोण उत्पन्न हो गया?

***

संविधान सभा में और कुछ नहीं बल्कि अराजकता ही होनी थी; किंतु इस सभा में कांग्रेस पार्टी की उपस्थिति ने इस संभावना को पूरी तरह खत्म कर दिया। कांग्रेस ने इसकी कार्रवाइयों में अनुशासन तथा नियम की भावना प्रदर्शित की। यह कांग्रेस पार्टी के अनुशासन का ही कमाल था कि प्रारूप समिति इस पूर्ण विश्वास के साथ संविधान सभा में संविधान का प्रारूप प्रस्तुत कर सकी कि प्रत्येक लेख तथा प्रत्येक सुधार का क्या भविष्य होगा। संविधान सभा में समय समिति के सुचारु ढंग से पारित हो जाने का पूरा श्रेय कांग्रेस पार्टी को दिया जाना चाहिए।

***

मैंने गांधीजी से कुछ भी ग्रहण नहीं किया और न ही उन्होंने मेरे आध्यात्मिक, नैतिक अथवा सामाजिक दृष्टिकोण को प्रभावित किया। गांधीजी इस देश के लिए एक रचनात्मक खतरा बन गए थे। उन्होंने सभी विचारों के लिए रास्ते बंद कर दिए थे।

***

चूँकि कांग्रेस सुधारवादी पार्टी नहीं है, अत: कांग्रेस पर इस बात का भरोसा नहीं किया जा सकता कि वह सामाजिक सुधारों अथवा आर्थिक पुनर्रचना के कार्यक्रम चलाएगी, जिनके बगैर दलितों का कभी भला नहीं हो सकता। इसलिए दलितों का ऐसी पार्टी में शामिल होना निरर्थक और मूर्खतापूर्ण कार्य होगा। कांग्रेस कभी उनकी भलाई के लिए कुछ नहीं करेगी, बल्कि वह हमेशा की तरह उनका इस्तेमाल ही करती रहेगी।

***

जो दलित आज कांग्रेस में हैं, वे भी हाशिए पर पड़े हुए हैं तथा यह हाशिया इतना विशाल है कि यह खत्म नहीं किया जा सकता। ये ही वे नुकसान हैं, जिन्हें दलितों को कांग्रेस में शामिल होकर उठाना होगा। ये केवल नुकसान नहीं हैं, मैं इन्हें 'भयानक दुष्परिणाम' कहूँगा। आज सभी सामाजिक आंदोलन मृतप्राय हैं। सारी राजनीतिक शक्ति दूर जा चुकी है। यह कहना ठीक नहीं होगा कि नए संविधान से दलितों को सबकुछ मिल जाएगा। वास्तविकता यह है कि वे जंजीरों में जकड़े हुए हैं।

***

कुछ दलित लोग कांग्रेस के टिकट पर चुनाव लड़ रहे हैं। वे महत्त्वाकांक्षी व्यक्ति

मात्र हैं, जो विधायिका की सीढ़ी पर इस आशा से चढ़ना चाहते हैं कि रेवड़ियाँ बाँटे जाते समय उन्हें भी कुछ-न-कुछ जरूर हासिल होगा। उन्हें इस बात की चिंता नहीं है कि वे किसकी सीढ़ी से चढ़ना चाहते हैं। ये महत्त्वाकांक्षी दलित लोग भी कांग्रेस में शामिल कभी नहीं होते, अगर उनके लिए कांग्रेस के बिना निर्दलीय रूप से चुनाव जीतना संभव होता।

***

जो कोई भी अपने दिमाग का इस्तेमाल करेगा, वह इस बात का अहसास करेगा कि कांग्रेस सूरज और चाँद की तरह अमर नहीं है। एक दिन इसका भी अंत होना है।

***

मेरा दृढ़ विश्वास है कि दलितों का कांग्रेस अथवा किसी भी बड़े राजनीतिक दल में शामिल होना उनके लिए घातक सिद्ध होगा।

***

कोई भूखा व्यक्ति उस आलोचक को पसंद नहीं करेगा, जो उससे कहे कि मेरे प्यारे दोस्त, यद्यपि मैं सत्ता में हूँ, यद्यपि मैं अधिकार धारण करता हूँ, यद्यपि मुझे व्यवस्था ठीक करने का वैधानिक अधिकार है; फिर भी तुम मुझसे किसी चमत्कार की उम्मीद मत करो, क्योंकि मुझे उत्तराधिकार में ही ये सब समस्याएँ प्राप्त हुई हैं। यदि सरकार एक निश्चित समय सीमा के अंदर परिणाम नहीं देती तो लोग इतने निराश, इतने दुखी हो जाते हैं कि वे यह मानने लगते हैं कि सरकार नाम की कोई चीज ही नहीं है। यदि हम संसद् में बैठकर इस विषय में अपनी जिम्मेदारियाँ नहीं समझेंगे और एक निश्चित समय के अंदर लोगों के हित तथा कल्याण के कार्यों को नहीं करेंगे तो मैं समझता हूँ कि एक दिन ऐसा अवश्य आएगा। मेरे मन में इस बात की जरा भी शंका नहीं है कि ऐसा होने पर संसद् के बाहर लोग इसे घृणा की दृष्टि से देखने लगेंगे और ऐसी नौबत कभी भी नहीं आने देना चाहिए।

***

संसद् की सदस्यता के लिए शिक्षा एकमात्र योग्यता नहीं हो सकती। यदि मैं इसे बुद्ध के शब्दों में कहूँ तो उन्होंने कहा था कि मनुष्य को दो गुणों की आवश्यकता है—पहला है ज्ञान और दूसरा है शील। शील के बगैर ज्ञान बड़ा ही खतरनाक होता है। इसके साथ शील होना अत्यंत आवश्यक है, जिसके द्वारा हममें चरित्र, साहस, प्रलोभन से मुक्त होने जैसे सद्‌गुण विकसित होते हैं। मैं यह देखने को उत्सुक हूँ कि इस महान् सदन में शील से रहित किसी व्यक्ति का प्रवेश नहीं होना चाहिए।

***

अगर राजनीतिक दल अपने निहित स्वार्थों के कारण इस मसले पर ध्यान नहीं देंगे तो समय के साथ लोग स्वयं इस बात का ध्यान रखने लगेंगे। लोग ऐसे किसी भी व्यक्ति को इस सदन में प्रवेश की अनुमति नहीं देंगे, जो इस सदन में बैठकर अपने दायित्वों का सही ढंग से निर्वाह न कर सके, न ही वे उसे दुबारा वापस ही आने देंगे। वे परिणाम चाहते हैं। वे चाहते हैं कि उनकी समस्याओं पर ध्यान दिया जाए और मुझे पूरा विश्वास है कि वे यह लक्ष्य तभी प्राप्त कर सकेंगे जब वे अच्छे लोगों को ही इस सदन में भेजेंगे।

***

अब समय बदल चुका है। हम सभी अब नए आदर्शों की ओर मुड़ रहे हैं। वे अब जनता के लिए सरकार चाहते हैं और उन्हें इस बात से कोई फर्क नहीं पड़ता कि वह जनता की सरकार है अथवा जनता द्वारा सरकार है। अगर हम इस संविधान को अक्षुण्ण रखना चाहते हैं, जिसमें हमने जनता की सरकार, जनता के लिए सरकार तथा जनता द्वारा सरकार का सिद्धांत समाहित किया है तो हमें अपने पथ में आनेवाली बुराइयों के प्रति लापरवाह न होने का संकल्प लेना होगा। ये बुराइयाँ ही जनता को जनता द्वारा सरकार के स्थान पर जनता के लिए सरकार को पसंद करने के लिए बाध्य करेंगी।

***

यदि हम लोकतंत्र को रूप में ही नहीं अपितु यथार्थ में भी बरकरार रखना चाहते हैं तो हमें क्या करना चाहिए? मेरे विचार से, सबसे पहले हमें संवैधानिक तरीकों से अपने सामाजिक व आर्थिक लक्ष्यों की ओर तेजी से आगे बढ़ना चाहिए। इसका अभिप्राय यह है कि हमें क्रांति के खूनी तौर-तरीके छोड़ने होंगे। हमें सविनय अवज्ञा, असहयोग तथा सत्याग्रह जैसे रास्ते भी छोड़ने होंगे। जब आर्थिक और सामाजिक लक्ष्यों को प्राप्त करने के लिए संवैधानिक तरीके शेष न बचें तो ही असंवैधानिक तरीकों का प्रयोग सही ठहराया जा सकता है; लेकिन जब तक संवैधानिक उपायों के रास्ते बचे हैं तब तक इन असंवैधानिक तरीकों को किसी भी आधार पर उचित नहीं ठहराया जा सकता। ये तौर-तरीके और कुछ नहीं हैं, बल्कि अराजकता का व्याकरण हैं तथा जितनी जल्दी हम इनसे मुक्ति पा लेंगे, हमारे लिए उतना ही अच्छा होगा।

***

दूसरी बात जो हमें करनी चाहिए वह है हमें जॉन स्टुअर्ट की उस चेतावनी को ध्यान में रखना है, जो उन्होंने आजादी को बरकरार रखने के इच्छुक व्यक्तियों को दी थी। इसके अनुसार, हमें अपनी आजादी को किसी के नियंत्रण में नहीं देना चाहिए, यहाँ तक कि उस महान् पुरुष के हाथों में भी नहीं, जिसको सत्ता सौंपते समय हम

उस पर विश्वास करते हों; क्योंकि वह भी हमारी आजादी की प्रतीक संस्थाओं को नष्ट कर सकता है। उन महापुरुषों के प्रति ऋणी अथवा कृतज्ञ होना गलत नहीं है, जिन्होंने देश के लिए जीवन-पर्यंत अपनी सेवाएँ दीं; किंतु कृतज्ञता की भी एक सीमा होती है। जैसाकि आयरिश देशभक्त डैनियल और कोलोनेल ने लिखा भी है—कोई पुरुष अपने सम्मान की कीमत पर ऋणी नहीं हो सकता, कोई महिला अपने सतीत्व की कीमत पर ऋणी नहीं हो सकती तथा कोई देश अपनी आजादी की कीमत पर ऋणी नहीं हो सकता। यह चेतावनी किसी अन्य देश की तुलना में भारत के मामले में तो और भी अधिक आवश्यक है, क्योंकि दुनिया के किसी अन्य देश की तुलना में भारत की राजनीति में नायक-पूजा तथा भक्ति की परंपरा कुछ अधिक ही है। धर्म में भक्ति मार्ग आत्मा को मुक्ति की ओर ले जाता है, किंतु राजनीति में भक्ति अथवा नायक-पूजा का मार्ग निश्चय ही अवनति तथा अवश्यंभावी तानाशाही की ओर ले जाता है।

***

दुर्भाग्यवश आज भारत में सामान्यत: लोग तथा विशेषकर राजनेता, चाहे वे जिस राजनीतिक दल के हों, अकसर सत्याग्रह करते तथा बंद कराते देखे जा सकते हैं। उन्हें इस बात की कोई परवाह नहीं कि बिना कोई गलती किए इससे लोग कितना कष्ट भुगतते हैं।

***

आप लोग पिछले पंद्रह वर्षों से मेरा जन्मदिन मना रहे हैं। मैं इन समारोहों में कभी शामिल नहीं हुआ। मैंने हमेशा इनका विरोध किया है। अब आपने मेरी स्वर्ण जयंती मना ली है। बस, इतना ही पर्याप्त है। अब आगे से ऐसे किसी समारोह के आयोजन की आवश्यकता नहीं है।

***

मेरा मानना है कि कोई संविधान कितना भी अच्छा क्यों न हो, वह एक बुरे संविधान में निश्चय ही बदला जा सकता है। यदि इसका प्रयोग अच्छे ढंग से किया जाए तो यह संविधान अच्छा साबित हो सकता है। संविधान की कार्य-प्रणाली संविधान की प्रकृति पर ही पूर्णत: निर्भर नहीं होती। संविधान किसी राष्ट्र को विधायिका, कार्यपालिका और न्यायपालिका जैसे अंग ही दे सकता है। राष्ट्र के ये अंग किस प्रकार कार्य करते हैं, यह उन लोगों तथा राजनीतिक दलों पर निर्भर है, जो लोगों की इच्छाओं तथा नीतियों के कार्यान्वयन हेतु सत्ता में हैं, जो लोगों की इच्छाओं तथा नीतियों के कार्यान्वयन हेतु सत्ता में रहकर कार्य करते हैं। कौन कह सकता है कि भारत के लोग तथा उनके राजनीतिक दल किस प्रकार भविष्य में कार्य करेंगे? क्या वे अपने उद्देश्यों

की पूर्ति के लिए संवैधानिक तरीकों का इस्तेमाल करेंगे या वे क्रांतिकारी तौर-तरीकों को पसंद करेंगे? संविधान के अच्छे होने से इस बात पर कोई असर नहीं पड़नेवाला। लोगों तथा उनके दलों की भावी भूमिका के विषय में जाने बिना संविधान के विषय में कोई भी धारणा बनाना निरर्थक होगा।

***

सामाजिक व आर्थिक लोकतंत्र राजनीतिक लोकतंत्र के प्रमुख तंतु हैं। एक वर्ग तथा दूसरे वर्ग के बीच समानता, एक लिंग और दूसरे लिंग के बीच समानता की उपेक्षा करना, जो हिंदू समाज की मूल जड़ में है, को छुए बगैर आर्थिक समस्याओं पर कानून पारित करना हमारे संविधान का मजाक उड़ाना है और गोबर के ढेर पर महल बनाने का ख्वाब देखना है।

***

इस संघीय राज्य में अनेक छेद हैं और ये दरक सकते हैं। हम अपने समाज में दरारें डाल रहे हैं। हममें एकता नहीं है। हममें एकता न होने के कारण यह पूरी संरचना कभी भी बिखर सकती है। अत: हमें समय रहते इसे बिखरने से बचाने के लिए कुछ कदम उठाने चाहिए। मैंने सुझाव दिया था कि उत्तरी प्रांतों को छोटे-छोटे क्षेत्रों में बाँटकर छोटा कर दिया जाए, ताकि दक्षिण भारत के लोग किसी प्रकार के भारी दबाव का अनुभव न करें। मेरा यह भी सुझाव था कि इसका एक अन्य समाधान है इस देश की दो राजधानियाँ बनाया जाना। मेरा सुझाव है कि हैदराबाद को भारत की दूसरी राजधानी बनाया जाना चाहिए।

***

अंग्रेजों के भारत से जाने के बाद भारत के पास केवल एक राजधानी है, जो दिल्ली है। अंग्रेजों से पहले हमेशा से भारत की दो राजधानियाँ रही हैं। मुगलकाल में भारत की पहली राजधानी दिल्ली तथा कश्मीर में श्रीनगर दूसरी राजधानी हुआ करती थी। जब अंग्रेज आए तो उन्होंने भी दो राजधानियाँ बनाईं। पहली कलकत्ता थी और दूसरी शिमला थी। जब उन्होंने कलकत्ता के बजाय दिल्ली को राजधानी बनाया तो भी उन्होंने शिमला को ग्रीष्मकालीन राजधानी बनाए रखा। यहाँ तक कि जलवायुविक स्थितियों के कारण ही अंग्रेजों और मुगलों ने दो राजधानियाँ बनाई थीं। न तो अंग्रेज और न ही मुगल पूरे बारह महीनों तक लगातार दिल्ली या कलकत्ता में रह सकते थे। दिल्ली के गरमी के महीने मुगलों के लिए काटने मुश्किल थे, इसी कारण उन्होंने श्रीनगर को गरमी के महीनों के लिए दूसरी राजधानी बनाया। इसी प्रकार अंग्रेजों के लिए कलकत्ता की गरमी भी सहन करने योग्य नहीं थी, इसलिए उन्होंने भी दो

राजधानियाँ स्थापित कीं। इन जलवायुविक परिस्थितियों के अलावा तीन अन्य स्थितियाँ भी अब देखी जा सकती हैं। मुगलों तथा अंग्रेजों के शासनकाल में लोकप्रिय सरकार जैसी कोई चीज नहीं थी। अब हमारे पास लोकप्रिय सरकार है और जनता की सुविधाओं का ध्यान रखना हमारा प्रथम दायित्व है।

***

दक्षिण भारत के लोगों के लिए दिल्ली आना अत्यंत असुविधाजनक है। वे यहाँ की दूरी तथा ठंड दोनों से परेशान होते हैं। यहाँ तक कि उत्तरी भारत के लोगों को भी यहाँ की गरमी से परेशानी होती है। वे शिकायत नहीं करते, क्योंकि वे घर के नजदीक हैं तथा सत्ता की कुरसी के बहुत पास हैं। दूसरी बात दक्षिण भारत के निवासियों की भावनाओं का ध्यान रखना है तथा तीसरी बात सुरक्षा की है।

***

दक्षिण भारतीयों का सोचना है कि उनके देश की राजधानी उनसे बहुत दूर है तथा उत्तर भारत के लोग शासन कर रहे हैं। तीसरी बात निस्संदेह अधिक महत्त्वपूर्ण है। वह यह है कि दिल्ली अभेद्य स्थान नहीं है। यह हमारे पड़ोसी देशों की बम वर्षा की सीमा में आसानी से आ सकती है। यद्यपि भारत अपने पड़ोसी देशों के साथ शांति के साथ रहने का प्रयास कर रहा है, परंतु यह नहीं माना जा सकता कि भारत को कभी किसी देश के साथ युद्ध नहीं करना पड़ेगा और यदि ऐसी स्थिति आती है तो भारत सरकार को दिल्ली छोड़नी पड़ेगी और अपना शासन चलाने के लिए किसी अन्य स्थान की खोज करनी पड़ेगी। वह कौन सा स्थान है, जहाँ भारत सरकार अपना शासन चलाने के लिए आ सकती है? एक बार कलकत्ता के विषय में भी सोचा जा सकता है; परंतु कलकत्ता तिब्बत से बम-वर्षा की जद में है। यद्यपि भारत और चीन आज अच्छे मित्र हैं, किंतु कोई भी यह विश्वासपूर्वक नहीं कह सकता कि कब तक हमारे बीच यह दोस्ती कायम रहेगी। इस स्थिति में भारत और चीन के बीच संघर्ष की संभावना विद्यमान है। ऐसे मौके पर कलकत्ता का राजधानी होना निरर्थक होगा। एक अन्य विकल्प के रूप में अगला शहर बंबई को माना जा सकता है। लेकिन बंबई एक बंदरगाह है और हमारी भारत सरकार के बंबई आ जाने पर हमारी नौ सेना उसे सुरक्षा प्रदान कर पाने में अक्षम सिद्ध होगी। क्या कोई चौथी जगह भी इस बारे में सोची जा सकती है? मेरे विचार से, हैदराबाद एक ऐसा ही स्थान हो सकता है। हैदराबाद, सिकंदराबाद तथा बोलराम को मुख्य आयुक्त के प्रांतों में परिवर्तित किया जा सकता है तथा इसे भारत की दूसरी राजधानी बनाया जा सकता है। हैदराबाद भारत की दूसरी राजधानी बनने की सभी शर्तें पूरी करता है। हैदराबाद सभी राज्यों से समान दूरी पर है। सुरक्षा के

दृष्टिकोण से यह शहर केंद्र सरकार को पर्याप्त सुरक्षा देगा। यह भारत के सभी भागों से समान दूरी पर है। यह दक्षिण भारत के लोगों को इस बात का संतोष देगा कि उनकी सरकार कभी-कभी उनके साथ रहती है।

***

सर्दियों के मौसम में सरकार दिल्ली में रहे तथा अन्य महीनों में यह हैदराबाद में रह सकती है। हैदराबाद के पास वे सभी सुविधाएँ हैं, जो दिल्ली में हैं तथा यह दिल्ली से कहीं बेहतर शहर है। इसमें दिल्ली की भाँति भव्यता भी है। यहाँ की इमारतें सस्ती हैं तथा वास्तव में दिल्ली की तुलना में कहीं अधिक सुंदर हैं। इसलिए हैदराबाद, सिकंदराबाद तथा बोलराम को भारत की दूसरी राजधानी बनाया जाना चाहिए। सौभाग्यवश यह कार्य बहुत सुगमतापूर्वक किया जा सकता है तथा इससे संपूर्ण दक्षिण भारत, महाराष्ट्र एवं आंध्र के लोगों को भी संतुष्टि मिलेगी।

***

मुझे प्रसन्नता है कि भारत पाकिस्तान से अलग हो गया। मैं पाकिस्तान के निर्माण का प्रबल समर्थक था। मैंने विभाजन की वकालत की थी, क्योंकि मेरा मानना है कि केवल विभाजन से ही हम न सिर्फ स्वतंत्र होंगे, बल्कि मुक्त भी होंगे। अगर भारत और पाकिस्तान एक रहते तो एक समय वह आता जब हिंदू स्वतंत्र होने के बावजूद मुसलिमों की दया पर आश्रित रहते। केवल स्वतंत्र भारत हिंदुओं की दृष्टि से एक मुक्त भारत नहीं होता। यहाँ एक देश में दो राष्ट्रों की एक सरकार होती। हिंदू महासभा और जन संघ के होते हुए भी निस्संदेह मुसलिम ही यहाँ राज कर रहे होते।

***

जब देश का विभाजन हो रहा था, तब मैंने सोचा था कि ईश्वर अपने शाप को वापस ले रहे हैं तथा भारत को अब एक महान् व समृद्ध देश बनाएँगे, किंतु मुझे भय है कि शाप दोबारा भी वापस आ सकता है, क्योंकि मैं देख रहा हूँ कि जो भाषाई आधार पर राज्यों के गठन की वकालत कर रहे हैं, वे दिल से अपनी क्षेत्रीय भाषाओं को उन राज्यों की राजभाषा बनाना चाहते हैं। यह विचार अखंड भारत के आदर्श के लिए मौत की घंटी के समान है। क्षेत्रीय भाषाओं की राजभाषाएँ बनाने से भारत को अखंड राष्ट्र बनाने और भारतीयों में पहले भारतीय होने की भावना जगाने की धारणा नष्ट हो जाएगी।

***

उत्तर तथा दक्षिण के मध्य बड़ी भिन्नताएँ हैं। उत्तर परंपरावादी है, दक्षिण प्रगतिवादी है। उत्तर अंधविश्वासी है, दक्षिण तर्क से परिपूर्ण है। दक्षिण शिक्षा की दृष्टि

से काफी आगे है, जबकि उत्तर शिक्षा की दृष्टि से पिछड़ा हुआ है। दक्षिण की संस्कृति आधुनिक है, उत्तर की संस्कृति पुरातन है; किस प्रकार उत्तर का शासन दक्षिण को मान्य हो सकता है? पहले से ही इस बात के संकेत हैं कि दक्षिण उत्तर से टूटकर अलग होना चाहता है।

***

श्री राजगोपालाचारी ने राज्य पुनर्गठन आयोग में एक वक्तव्य दिया है, जो 27 नवंबर, 1950 के 'टाइम्स ऑफ इंडिया' में प्रकाशित हुआ है। उन्होंने अपने वक्तव्य में यह कहा है, 'यदि राज्य पुनर्गठन की योजना को अगले 15 वर्षों तक के लिए ठंडे बस्ते में डालना संभव न हो तो एकमात्र विकल्प यह है कि केंद्र सरकार ही एकल राज्य के रूप में पूरे भारत का संचालन करे तथा जिले के अधिकारियों एवं जिले के बोर्डों से सीधे संपर्क रखे, जिन पर क्षेत्रीय आयुक्तों का नियंत्रण हो। ड्राइंग रूम में बैठकर इतिहास के परिणामों को समझने और खींची गई सीमाओं तथा अनुभागों के लिए लड़ने में राष्ट्र की ऊर्जा व्यय करना समय की बरबादी होगी।' राजगोपालाचारी ने आगे कहा, 'मेरा दृढ़ विश्वास है कि देश के दक्षिणी हिस्से का राजनीतिक महत्त्व बरकरार रखने के लिए एक बड़े दक्षिणी राज्य का अस्तित्व में बने रहना आवश्यक है। दक्षिण को तमिल, मलयालम तथा अन्य छोटे राज्यों में बाँटना प्रत्येक की महत्ता को पूर्णत: समाप्त करना होगा तथा इसका अंतिम परिणाम यह होगा कि इससे भारत और अधिक निर्धन बनेगा।'

***

श्री राजगोपालाचारी ने अपने संपूर्ण दृष्टिकोण को यहाँ पर अभिव्यक्त नहीं किया है। ऐसा उन्होंने मेरे समक्ष खुलकर प्रस्तुत किया था, जब वे राष्ट्र के प्रधान थे तथा मैं संविधान का प्रारूप तैयार करते समय प्रभारी कानून मंत्री था। एक बार मैं नित्य के इंटरव्यू के लिए श्री राजगोपालाचारी के पास गया। ऐसे ही एक इंटरव्यू में श्री राजगोपालाचारी ने संविधान सभा द्वारा तैयार किए जा रहे संविधान के विषय में अपने विचार रखे थे। उन्होंने उस समय मुझसे कहा था, 'आप एक बड़ी गलती करने जा रहे हैं। सभी क्षेत्रों के समान प्रतिनिधित्व के साथ संपूर्ण भारत के लिए एक संघ का विचार अनुचित है। ऐसे संघ में भारत का प्रधानमंत्री और राष्ट्रपति हमेशा हिंदी भाषी क्षेत्र से ही होगा। आपको दो संघ बनाने चाहिए। एक उत्तर का संघ हो तथा एक दक्षिण का संघ हो और उत्तर एवं दक्षिण के संघों को मिलाकर महासंघ बने, जिसमें महासंघ के पास विधायन हेतु तीन विषय हों तथा दोनों संघों का समान प्रतिनिधित्व हो।'

***

ये श्री राजगोपालाचारी के वास्तविक विचार हैं। उनके ये विचार मेरे पास एक

रहस्योद्घाटन के रूप में आए, जो उन्होंने एक कांग्रेसी के रूप में अपने दिल से निकालकर रखे थे। अब मैं श्री राजगोपालाचारी को भारत के उत्तर तथा दक्षिण के रूप में दो टुकड़े करने की कोशिश करनेवाले व्यक्ति के रूप में देखने लगा था।

यह नहीं भूलना चाहिए कि संयुक्त राज्य अमेरिका में उत्तर तथा दक्षिण के बीच एक गृहयुद्ध हुआ था। भारत में भी उत्तर तथा दक्षिण के बीच गृहयुद्ध हो सकता है। समय ऐसे संघर्ष के लिए जमीन तैयार करेगा। यह भी नहीं भूलना चाहिए कि उत्तर तथा दक्षिण के बीच बड़ी सांस्कृतिक भिन्नताएँ हैं और सांस्कृतिक भिन्नताएँ सुलगती हुई तीली की भाँति होती हैं।

***

मुझे वे दिन याद हैं, जब भारत के राजनीतिक विचारक 'हम भारत के लोग' शब्दों से क्रुद्ध हो जाया करते थे। इसके स्थान पर वे 'भारत राष्ट्र' की बात कहना अधिक पसंद करते थे। मेरा मानना है कि हम एक राष्ट्र हैं, यह मानकर हम एक बड़े छल-छद्म की सृष्टि कर रहे हैं। कई हजार जातियों में बँटे हम लोग कैसे एक राष्ट्र हो सकते हैं? जितनी जल्दी हम यह समझ लें कि 'राष्ट्र' शब्द के सामाजिक व मनोवैज्ञानिक अर्थ की दृष्टि से हम अभी तक एक राष्ट्र नहीं बन पाए हैं, उतना ही अच्छा होगा। तभी हम एक राष्ट्र होने की आवश्यकता को महसूस कर सकेंगे तथा इस लक्ष्य को प्राप्त करने के रास्तों तथा तरीकों के विषय में गंभीरतापूर्वक सोच सकेंगे। इस लक्ष्य को प्राप्त करना अत्यंत कठिन कार्य है। भारत में यह अमेरिका में किए गए प्रयासों से कहीं अधिक कठिन है। ये जातियाँ राष्ट्र-विरोधी हैं, क्योंकि सर्वप्रथम ये सामाजिक जीवन में पृथकता लाती हैं। ये जातियों के बीच ईर्ष्या तथा दुर्भावना को जन्म देती हैं। हमें इन सभी समस्याओं का सामना करना होगा, तभी हम वास्तव में एक राष्ट्र बन सकेंगे। राष्ट्र होने की दशा में भाईचारा ही एकमात्र कारक होगा। भाईचारे के बगैर समानता तथा स्वतंत्रता रगों की परतों से अधिक गहरी नहीं होगी।

***

राष्ट्रीय तथा सामाजिक संस्था के रूप में जाति के विषय में कोई भी दृष्टिकोण अपनाया जाए, परंतु इसकी उपेक्षा कर पाना संभव नहीं है और जब तक जाति किसी व्यक्ति की सरकारी अथवा सामाजिक पहचान के लिए प्रयुक्त की जाती रहेगी, तब तक यह दावा नहीं किया जा सकता है कि अवांछित संस्था को स्थायी बनाने में दशकीय गणना सहायक सिद्ध होती है।

***

यदि भारत राष्ट्रीयता की भावना जाग्रत् करने में सफल नहीं हो पाया है तो इसका

एकमात्र कारण यहाँ की ग्रामीण व्यवस्था है। इससे यहाँ के सभी लोग स्थानीय विशिष्टता या स्थानीय देशभक्ति में उलझकर रह गए हैं। इससे अपेक्षाकृत बृहत् नागरिक भावनाओं के लिए कोई जगह नहीं बची है। प्राचीन ग्राम पंचायतों के अंतर्गत भारत एकता के सूत्र में बँधे लोगों के एक देश के स्थान पर ग्रामीण समुदायों का एक ढीला-ढाला पुंज बनकर रह गया है। इसमें एक शासन में जुड़ाव के अतिरिक्त अन्य कोई बंधन नहीं है। इन दिनों जब आप राष्ट्रीय भावना लाने के लिए प्रयत्न कर रहे हैं, जब आप एक समान राष्ट्रीयता तथा एक जैसी भारतीय नागरिकता को स्थापित करने का प्रयास कर रहे हैं तो हमें ऐसा कोई काम नहीं करना चाहिए, जिससे इन प्रयासों को आघात पहुँचे।

***

यदि ग्राम पंचायतें अस्तित्व में आती हैं तो इनमें अल्पसंख्यकों के लिए विशेष प्रतिनिधित्व दिया जाना जरूरी है। इसी प्रकार इनमें किसी भी कीमत पर दलित जातियों के लिए विशेष प्रतिनिधित्व होना चाहिए।

***

इस सदन में एक ऐसा वर्ग है, जो एकदम से उछल पड़ेगा और कहेगा कि यह सांप्रदायिकता है। मैं स्वीकार करता हूँ कि मेरी नीति सांप्रदायिक है। मैं इससे शर्मिंदा नहीं होता। मैं तो कहूँगा कि सांप्रदायिकता के बगैर भारत राजनीतिक प्रगति के रास्ते पर आगे नहीं बढ़ सकता। सांप्रदायिकता के बिना भारत में कोई अपनी सरकार नहीं हो सकती। यह वह बात है, जिसे मैं चुनौती के भय के बगैर स्पष्ट रूप से कह सकता हूँ।

***

विरोधाभासों की यह जिंदगी हम कब तक जीते रहेंगे? कब तक हम अपने सामाजिक तथा आर्थिक जीवन में समानता की उपेक्षा करते रहेंगे? यदि हम लंबे समय तक इसकी अनदेखी करेंगे, तो हम ऐसा अपने राजनीतिक लोकतंत्र की क्षति की कीमत पर ही करेंगे। हमें जल्द-से-जल्द इस विरोधाभास को दूर कर देना चाहिए, अन्यथा असमानता के शिकार लोग उठ खड़े होंगे और राजनीतिक लोकतंत्र की इस संरचना को नष्ट कर देंगे, जिसे इस सभा ने अत्यंत परिश्रम के साथ बनाया है।

***

अब मैं संविधान के इस संशोधन के विषय में सरकार के रुख पर रोशनी डालना चाहूँगा। अभी संविधान केवल चार वर्ष पुराना है और अभी तक यह परिपक्व नहीं हुआ है। इसके चार वर्ष सात माह के जीवन में संविधान का यह तीसरा संशोधन है। मुझे नहीं पता कि दुनिया के किसी भी संविधान को इतनी तेजी से संशोधित किया

गया है और यदि मैं ऐसा कहता हूँ तो यह कार्य वर्तमान सरकार द्वारा जल्दबाजी में किया जा रहा है।

***

क्या हमारी सरकार इन आधारभूत नियमों को देख रही है? यह सच है कि हमारा संविधान अत्यधिक लचीला है। यह न तो अमेरिकी संविधान की तरह है और न ही ऑस्ट्रेलिया के संविधान जैसा ही है। संविधान तैयार करनेवाले व्यक्ति इस तथ्य से भली-भाँति अवगत थे कि भविष्य में ऐसी परिस्थितियाँ आएँगी जब संविधान में संशोधन किया जाना आवश्यक होगा और आप ज्वलंत सामाजिक समस्याओं को संविधान की बाध्यताओं के कारण स्थगित नहीं रख सकते। इसी कारण यह प्रस्ताव किया गया कि अनुच्छेद 368 में उल्लिखित प्रावधान यथेष्ट हैं।

***

किंतु मेरे मन में किंचित् भी संदेह नहीं है कि जिन्हें संविधान के प्रारूप से कोई लेना-देना नहीं है, उन्होंने भी यह कभी नहीं सोचा होगा कि सरकार मतदाताओं को सूचित किए बगैर अत्यंत जल्दबाजी में संविधान में संशोधन करने लगेगी।

***

मैं मानता हूँ कि मतदाताओं को सूचना देना राजनीतिक जीवन तथा पार्टी के जीवन का एक सामान्य सिद्धांत है। प्रत्येक पार्टी को कुछ कार्य करने के लिए जनादेश मिलता है। जनादेश के बगैर एक पार्टी कुछ भी नहीं कर सकती। प्रायः मतदाताओं को धोखे में नहीं रख सकते तथा आप निर्वाचित होकर आए हैं और आपके पास संविधान को संशोधित करने का पूरा अधिकार है, आप यह नहीं सोच सकते। यही वह कार्य है, जो हमारी सरकार कर रही है। मात्र इसलिए क्योंकि उसके पास बहुमत है और वे सोचते हैं कि उनके पास न सिर्फ किसी भी उस कानून को बनाने की ताकत है, जिसके माध्यम से वे सत्ता प्राप्त कर चुके हैं, बल्कि मात्र निर्वाचित हो जाने से ही वे संविधान को बदलने की ताकत भी रखते हैं। उन्हें अब अपने कृत्यों के विषय में जनता को सूचित करने की भी आवश्यकता नहीं रह गई है, यहाँ तक कि उन्हें संविधान का संशोधन करते समय भी किसी को सूचित करने की जरूरत नहीं है।

***

क्या संविधान किसी साधारण कानून से किसी भी प्रकार भिन्न नहीं है? क्या यह कागज का टुकड़ा मात्र है, जो किसी व्यक्ति के चाहने मात्र से संशोधित किया जा सकता है? मराठी में एक कहावत है, जिसमें हम कहते हैं कि यदि कोई बूढ़ी स्त्री मरती है तो इससे अधिक प्रभाव नहीं पड़ता; मगर हमें डर लगने लगता है कि कहीं यम देवता बार-बार यहाँ आने के आदी न हो जाएँ और हम यम देव का बार-

बार आना रोकना चाहने लगते हैं। इससे कोई फर्क नहीं पड़ता कि बूढ़ी महिला मरी है या यमदेव उसे झपट्टा मारकर ले गए हैं। यही वह बात है जो यहाँ पर हो रही है तथा मैं यह देख रहा हूँ कि सरकार के मन में संविधान के लिए बहुत कम सम्मान शेष बचा है और उसमें संविधान की अवमानना करने का भाव जाग्रत् होता जा रहा है।

***

मुझे नहीं लगता कि सरकार को किसी बात की कोई परवाह है। मैं वही चेतावनी दोबारा देना चाहता हूँ और कुछ वजहें बताना चाहता हूँ कि क्यों संविधान को बार-बार संशोधित नहीं किया जाना चाहिए और इससे बेवजह छेड़छाड़ किया जाना बंद किया जाना चाहिए। इसी कारण मैं कहता हूँ कि संविधान को इतने हलके ढंग से तथा बार-बार नहीं सुधारा जाना चाहिए। मैं नहीं जानता कि सरकार मेरी बात सुनेगी, शायद नहीं सुनेगी।

***

दूसरे देशों में यदि न्यायपालिका सरकार की इच्छा के विपरीत संविधान के किसी खंड का अभिप्राय निकालती है तो सरकार को उससे सहमत होना पड़ता है। वहाँ सरकारें अदालतों के निर्णयों को नहीं उलटतीं। यहाँ हमारे देश में हमने एक अलग किस्म की मानसिकता विकसित कर ली है। हमारी मानसिकता है कि यदि उच्चतम न्यायालय के न्यायाधीश हमारी इच्छा के अनुरूप निर्णय नहीं देते हैं तो हम उन्हें हटा सकते हैं। यही वह बात है। इसके मुकाबले मुझे अपने उच्चतम न्यायालय के व्यवहार से प्रसन्नता होती है। अपने अस्तित्व में आने के थोड़े से समय में ही उच्चतम न्यायालय के अनेक दौर मुझे दिखाई दिए हैं। मुझे याद है कि अपनी शक्ति की पहली चमक दिखाते हुए उच्चतम न्यायालय ने यह घोषित किया अथवा यह घोषित करने का साहस किया कि भारतीय दंड संहिता का कुछ अंश दोषपूर्ण है। हमारी सरकार इससे तुरंत क्षुब्ध हो गई और वह एक संशोधन ले आई कि न्यायपालिका की यह टिप्पणी गलत थी।

***

मुझे आशा है कि सरकार द्वारा लगातार किए जा रहे संविधान संशोधनों के बावजूद उच्चतम न्यायालय अपने निष्पक्ष निर्णय देता रहेगा और उसे सरकार के कहे की चिंता नहीं होगी। मुझे नहीं लगता कि कोई भी व्यक्ति यह कहेगा कि उच्चतम न्यायालय ने कोई निर्णय संविधान की मूल भावना के विरुद्ध दिया है।

***

सरकार संविधान में संशोधन करने जा रही है। उसे संविधान को संशोधित करने

का चस्का लग गया है। यदि आप संविधान को हर शनिवार को संशोधित करेंगे तो ऐसे संविधान का क्या मतलब है?

***

जो व्यक्ति संविधान से संतुष्ट नहीं हैं, उन्हें मात्र दो-तिहाई बहुमत लाने की आवश्यकता है और यदि वे वयस्क मताधिकार के आधार पर दो-तिहाई बहुमत नहीं ला पा रहे हैं तो यह माना जाएगा कि संविधान के प्रति उनकी असंतुष्टि को साधारण जनता का समर्थन हासिल नहीं है।

***

प्रत्येक देश में यदि बुद्धिजीवी वर्ग सत्ता में नहीं है तो भी सर्वाधिक प्रभावशाली वर्ग है। बुद्धिजीवी वह वर्ग है, जो भविष्यद्रष्टा होता है, जो सुझाव दे सकता है तथा नेतृत्व प्रदान कर सकता है। कोई भी ऐसा देश नहीं है, जहाँ पर कुछ लोगों का समूह विद्वान् विचारों तथा कृत्यों से परिपूर्ण न होता हो। यह प्रेरणादायक समूह होता है तथा बुद्धिजीवी वर्ग का प्रतिनिधित्व करता है। यह कहना अतिशयोक्ति नहीं होगी कि एक देश की संपूर्ण नियति उसके बुद्धिजीवी वर्ग पर निर्भर करती है। यदि बुद्धिजीवी वर्ग ईमानदार है, स्वतंत्र है तथा निष्पक्ष है तो इसके द्वारा उठाए गए कदमों पर विश्वास किया जा सकता है तथा किसी समस्या के उपस्थित होने पर उसे नेतृत्व प्रदान करने हेतु कहा जा सकता है। यह सत्य है कि विद्वत्ता स्वयं में कोई गुण नहीं है। यह बुद्धिजीवी वर्ग द्वारा इस्तेमाल किए गए तौर-तरीकों अथवा उन तरीकों के प्रयोग में निहित है, जिनसे सफलता पाई जाती है।

***

एक बुद्धिजीवी व्यक्ति एक अच्छा व्यक्ति हो सकता है, किंतु वह आसानी से एक धूर्त व्यक्ति में भी परिवर्तित हो सकता है। इसी प्रकार एक बुद्धिजीवी वर्ग ऐसी उच्च कोटि की आत्माओं का समूह हो सकता है, जो सहायता करने के लिए सदैव तैयार रहते हों, मानवता के कष्टों को दूर करने के लिए तत्पर रहते हों अथवा वे सरलतापूर्वक ठगों के गिरोह हो सकते हैं या संकीर्ण विचारों के लोगों का गुट हो सकते हैं, जिनसे उन्हें समर्थन मिलता हो।

□

भारत में शूद्र

यदि चातुर्वर्ण्य व्यवस्था का आशय समाज का चार भागों में विभागीकरण ही होता तो कुछ भी आपत्तिजनक न होता। दुर्भाग्यवश, चातुर्वर्ण्य व्यवस्था रहस्यमयी है। इस व्यवस्था के अंतर्गत समाज को चार भागों में बाँटने के साथ-साथ चार वर्णों का जीवन-स्तर निर्धारित करने के लिए क्रमिक असमानता का प्रावधान रखा गया है।

~***~

क्रमिक असमानता की प्रणाली मौखिक न होकर वैधानिक और दंडनीय है। चातुर्वर्ण्य-संरचना में शूद्र निम्नतम स्तर पर हैं। इसके साथ ही उन पर अनेक प्रतिबंध लगाए गए हैं, जिससे वे अपने स्तर से उबर न सकें।

~***~

मेरा स्पष्ट मत है कि ब्राह्मण-विहित विधान से पीड़ित प्राचीन आर्यों के शूद्र कालांतर में इतने पतित हो गए कि जन-जीवन में उनका कोई स्तर ही नहीं रह गया अर्थात् उनका स्तर समाज में निम्नतर हो गया। इसके दो परिणाम निकले—प्रथम तो यह कि 'शूद्र' शब्द का अर्थ ही बदल गया। इसका अर्थ एक विशेष जाति का नाम न रहकर सामान्यत: असभ्य, असंस्कृत एवं अधम जातियों का संयुक्त नाम हो गया। दूसरा परिणाम यह हुआ कि 'शूद्र' शब्द का अर्थ व्यापक होने के कारण दंड-विधान का भी विस्तार हुआ। इस प्रकार तथाकथित आधुनिक शूद्र भी उस दंड-विधान से शासित होने लगे, जिससे आदि शूद्र होते थे। कुछ भी हो, तथ्य यह है कि अपराधियों के लिए निर्धारित दंड-विधान निर्दोषों पर भी क्रूरता से लागू होने लगे। यदि हिंदू विधि निर्माता इस ऐतिहासिक वास्तविकता से विमुख न होते कि आधुनिक निम्न वर्णीय जन आदि शूद्रों से भिन्न हैं तो यह अंधेर नहीं होता। दुर्भाग्य

से ये दंड-विधान आदि शूद्रों की ही भाँति आधुनिक शूद्रों पर बर्बरता से लागू हैं।

***

शूद्र कौन थे और वे प्राचीन आर्यों के समाज का चौथा वर्ग क्यों और कैसे बने? संक्षेप में मेरा उत्तर इस प्रकार है—

(1) शूद्र आर्यों की जातियों में सूर्यवंशीय हैं।

(2) एक समय था, जब आर्यों में केवल तीन ही वर्ण थे—ब्राह्मण, क्षत्रिय और वैश्य।

(3) शूद्रों का प्रथम वर्ण न था। वे आर्यों के द्वितीय वर्ण—क्षत्रिय वर्ण—के ही एक अंग थे।

(4) शूद्र राजाओं और ब्राह्मणों में निरंतर संघर्ष चला और ब्राह्मणों को शूद्रों के बीभत्स अत्याचार सहने पड़े।

(5) शूद्रों के दमन से आक्रांत ब्राह्मणों ने घृणावश शूद्रों का उपनयन बंद कर दिया।

(6) उपनयन-विरोध से शूद्रों का सामाजिक पराभव हुआ। वे सामाजिक स्तर पर इतने पतित हुए कि उन्हें वैश्यों से भी नीचे एक और वर्ण चौथा वर्ण बनाना पड़ा।

***

आज का हिंदू समाज पाँच श्रेणियों में विभाजित है। पहला वर्ग पुरातनपंथी लोगों का है, जो हिंदू सामाजिक प्रणाली में कोई दोष नहीं मानते। दूसरा वर्ग आर्य समाजियों का है। वे वेदों में विश्वास व्यक्त करते हैं और किसी ऐसी बात को नहीं मानते, जो वेद-निहित नहीं है। तीसरा वर्ग इस व्यवस्था को मृतप्राय कहता है, क्योंकि कानून उसे मान्यता नहीं देता। चौथा वर्ग राजनेताओं का है—वे इन सब बातों से उदासीन हैं। उनके लिए सामाजिक व्यवस्था में सुधार से भी अधिक महत्त्व सुधार का है। पाँचवाँ वर्ग शांत चिंतकों का है, जो सामाजिक सुधार को समाज से भी अधिक महत्त्वपूर्ण मानता है।

***

'कानून वर्ण-व्यवस्था को नहीं मानता' का गलत अर्थ नहीं लगाना चाहिए। संक्षेप में कहा जा सकता है—

(1) इसका अर्थ यह नहीं कि जाति-व्यवस्था को मानना अपराध है।

(2) इसका अर्थ यह नहीं है कि वर्ण-व्यवस्था समाप्त हो गई है।

(3) इसका अर्थ यह भी नहीं कि नागरिकों के अधिकारों की प्राप्ति के निमित्त किसी का वर्ण-निर्धारण आवश्यक होने पर ऐसा निर्णय नहीं किया जाएगा।

(4) इसका अर्थ केवल यह है कि कानून जाति-व्यवस्था को मान्यता प्रदान नहीं करता।

***

सामाजिक संगठन कानून के बल पर नहीं चलते, कुछ अन्य बातों के बल पर चला करते हैं। इनमें सामाजिक व धार्मिक बल प्रमुख हैं। वर्ण-व्यवस्था धार्मिक आधार पर आधारित है और यही कारण है कि हिंदुओं का सामाजिक बल इसका साथ देता है। वैधानिक निषेध न होने के कारण ही धार्मिक मान्यता के बल पर जाति-वर्ण-व्यवस्था फलती-फूलती रही है। इसका सबसे पुष्ट प्रमाण यह ही है कि शूद्रों और अछूतों की स्थिति आज भी पहले जैसी ही है।

***

मेरे मत का आर्य समाजियों से दो आधारों पर मतभेद है। आर्यसमाजियों का विश्वास है कि आर्यों में प्राचीन काल से ही चार वर्ण हैं। इसके विपरीत, प्राचीन ग्रंथों से स्पष्ट है कि प्राचीन काल में आर्यों में केवल तीन ही वर्ण थे।

***

हिंदू समाज का एकमात्र वर्ग सामाजिक सुधारों की अनिवार्यता को मानता है। उनके विचार से, इस समस्या के समाधान में एक लंबा समय और अनेक पीढ़ियों का प्रयास अपेक्षित है। इसीलिए इसका अनुसंधान स्थगित करना अनुचित है। एक उत्साही हिंदू राजनीतिज्ञ भी यह मानता है कि सामाजिक संकीर्णता हर मोड़ पर संकट खड़ा कर देती है। ये कठिनाइयाँ सामाजिक न होकर हर क्षण की कठिनाइयाँ हैं। मुझे प्रसन्नता है कि हिंदू समाज में एक ऐसा भी वर्ग है। यद्यपि ऐसे लोगों की संख्या कम ही होगी, फिर भी मैं अपना पक्ष उन्हीं के समक्ष प्रस्तुत करता हूँ।

***

यह कहा जा सकता है कि मैंने हिंदू धर्म ग्रंथों को अपेक्षित सम्मान नहीं दिया। इसके दो कारण हैं। प्रथम तो यह कि मैंने इतिहासवेत्ता की दृष्टि से गवेषणा की है। इतिहासवेत्ता सत्य की खोज के लिए धार्मिक ग्रंथों एवं इतर ग्रंथों में कोई भेदभाव नहीं करता। उसका मुख्य ध्येय तो सत्य की खोज रहता है। इस कार्य में मैं हिंदू ग्रंथों के प्रति सम्मान प्रदर्शित नहीं कर सका तो वह सत्य है। दूसरी बात यह है

कि धार्मिक ग्रंथों में श्रद्धा कराई नहीं जाती, वह तो स्वाभाविक स्थितियों में स्वयं पनपती या भंग होती है।

***

हिंदू ग्रंथों के प्रति ब्राह्मण विद्वान् की श्रद्धा तो स्वाभाविक है, किंतु एक अब्राह्मण शोधकर्ता के लिए अस्वाभाविक। इस भेद को सरलता से समझा जा सकता है। ये पवित्र ग्रंथ ब्राह्मणों द्वारा लिखित हैं और इनमें ब्राह्मणों की श्रेष्ठता व विशेषाधिकारों का वर्णन है। अत: ब्राह्मण इन ग्रंथों की पवित्रता-पावनता को क्यों न अक्षुण्ण बनाए रखें।

***

शूद्र के विषय में खोज करते समय मेरे मस्तिष्क में पूर्ण ऐतिहासिकता रही है। यह सर्वविदित है कि इस देश में अब्राह्मणों का—शूद्रों का—एक आंदोलन चल रहा है और उससे मेरा निकट का संबंध है।

***

मैं 'महाभारत' के चालीसवें अध्याय के 'शांतिपर्व' के रचनाकार का आभारी हूँ। हालाँकि यह कहना कठिन है कि वह कौन था—व्यास, वैशंपायन, सूत, लोमहर्ष अथवा भृगु। इनमें से कोई भी क्यों न हो, उसने वैजवन का पूर्ण वृत्तांत देकर अनुग्रह ही किया है। यदि वह वैजवन को शूद्र न कहता तो शूद्रों के उद्भव का मूल स्रोत ही विलुप्त हो जाता। भावी पीढ़ी के लिए इतनी महत्त्वपूर्ण सूचना सामग्री को सुरक्षित रखे जानेवाले रचनाकार का यह अपार उपकार है।

***

यह सभी जानते हैं कि 'शूद्र' भारतीय हिंदू समाज का चौथा वर्ण है; किंतु किसी ने यह जानने का प्रयास नहीं किया कि शूद्र कौन थे और वे हिंदू समाज के चतुर्थ वर्ण कैसे बन गए? यह एक महत्त्वपूर्ण प्रश्न है। यह जानना अत्यंत आवश्यक है कि वे समाज की विकास परंपरा अथवा किसी परिवर्तन के फलस्वरूप समाज का चौथा वर्ण बन गए या बनाए गए।

***

शूद्रों की खोज के लिए हमें सर्वप्रथम भारतीय आर्यसमाज की चातुर्वर्ण्य व्यवस्था की जानकारी प्राप्त कर लेना आवश्यक है। चातुर्वर्ण्य की व्यवस्था की जानकारी हमें 'ऋग्वेद' के दसवें मंडल के 90वें मंत्र 'पुरुष-सूक्त' से मिलती है। मंत्र में कहा गया है—

(1) पुरुष के सहस्र सिर, सहस्र नेत्र और सहस्र पैर हैं। संपूर्ण ब्रह्मांड उसने

दस अंगुल से आच्छादित किया हुआ है।

(2) पुरुष स्वयं ही ब्रह्मांड है—जो हो गया है और जो भवितव्य है। वह अमरत्व का स्वामी है और भोजन से वृद्धि पाता है।

(3) यह उसकी महानता है। पुरुष उससे भी उत्तम है। समस्त ब्रह्मांड उसका चतुर्थांश है। शेष तीन-चौथाई शून्य में अमर है।

(4) तीन-चौथाई के साथ पुरुष ऊपर चढ़ा। उसका एक चतुर्थांश यहाँ उत्पन्न हुआ। उसने विस्तृत रूप धारण कर खाद्य-अखाद्य सभी पदार्थों को आच्छादित कर लिया।

(5) उससे वीर्य उत्पन्न हुआ और वीर्य से उत्पन्न पुरुष संपूर्ण पृथ्वी पर फैल गया।

(6) जब देवताओं ने पुरुष की बलि से यज्ञ किया तो वसंत का घृत बना, ग्रीष्म की लकड़ी और पतझड़ की समिधा।

(7) पुरुष का दूर्वा घास पर वध किया गया, जिससे देवताओं, साध्यों और ऋषियों ने यज्ञ किया।

(8) इस विश्व यज्ञ से दही और घी बना, जंगली और पालतू पशु पैदा हुए।

(9) उस यज्ञ से ऋक् और साम की ऋचाएँ, छंद और यजुर्वेद के मंत्र पैदा हुए।

(10) उससे घोड़े, दोनों ओर दाँतवाले पशु, गाय, बकरी और भेड़ पैदा हुए।

(11) जब देवों ने पुरुष का विभाजन किया, उसे कितने भागों में बाँटा? उसका मुख क्या था? बाँह क्या थे? पैर क्या थे?

(12) ब्राह्मण उसका मुख, क्षत्रिय बाहु, वैश्य और शूद्र उसके पैरों से उत्पन्न हुए।

□

संदर्भ ग्रंथ

डॉ. बाबा साहब भीमराव आंबेडकर, राइटिंग्स एंड स्पीचेज, (महाराष्ट्र सरकार का प्रकाशन) खंड 1 से खंड 14 तक।

सोर्स मेटेरियल ऑफ डॉ. बाबा साहब अंबडेकर एंड द मूवमेंट ऑफ अनटचेबल्स, (महाराष्ट्र सरकार का प्रकाशन) खंड—1

डॉ. आंबेडकर : लाइफ एंड मिशन, धनंजय कीट।

आंबेडकर : द टोटल रिवोल्यूशनरी : डी. के. बैसंतरी।

द चमार्स : जी. डब्ल्यू. ब्रिग्स।

रेनीनिसेंसज एंड रिमेंबरेंसेज ऑफ डॉ. बी. आर. आंबेडकर, नानक चंद रत्तू।

□□□